20가지 상황으로 배우는 중국어 듣기

중국어 듣기 트레이닝

시원스쿨중국어연구소 기획
안태정 · 시원스쿨중국어연구소 지음

중국어 듣기 트레이닝

초판 4쇄 발행 2023년 5월 2일

지은이 안태정 · 시원스쿨중국어연구소
펴낸곳 (주)에스제이더블유인터내셔널
펴낸이 양홍걸 이시원

홈페이지 china.siwonschool.com
주소 서울시 영등포구 국회대로74길 12 시원스쿨
교재 구입 문의 02)2014-8151
고객센터 02)6409-0878

ISBN 979-11-6150-570-1
Number 1-410102-11111807-04

20가지 상황으로 배우는 중국어 듣기

중국어 듣기 트레이닝

시원스쿨중국어연구소 기획
안태정 · 시원스쿨중국어연구소 지음

S 시원스쿨닷컴

Contents

이 책의 구성과 활용

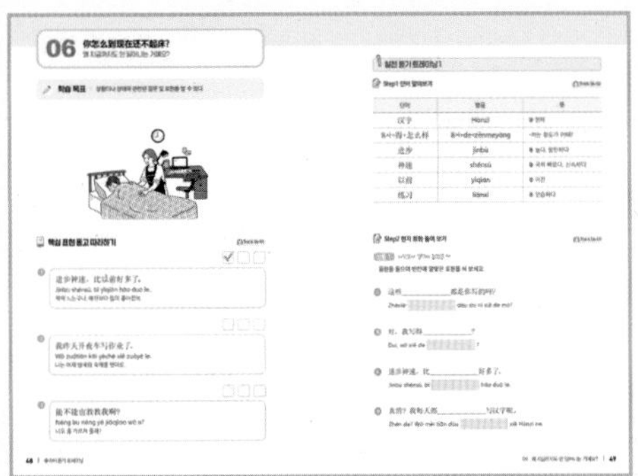

핵심 표현 듣고 따라하기

본 학습에 들어가기 전 해당 과에서 배우게 될 가장 주요한 핵심 표현을 미리 들어보며 익힙니다.

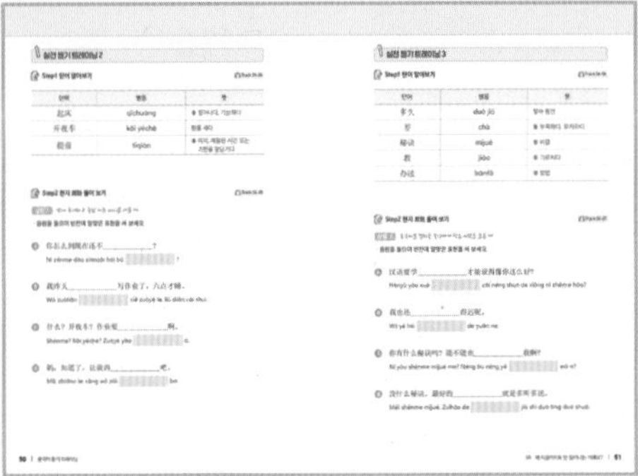

실전 듣기 트레이닝

Step1 단어 알아보기

듣기를 하기에 앞서 본문에 나오는 새로운 단어를 익힙니다.

Step2 현지 회화 들어 보기

각 주제에 맞는 상황별 회화를 들으며 실제 중국인이 쓰는 표현을 자연스럽게 익히며 여러 번 듣고 따라 읽습니다.

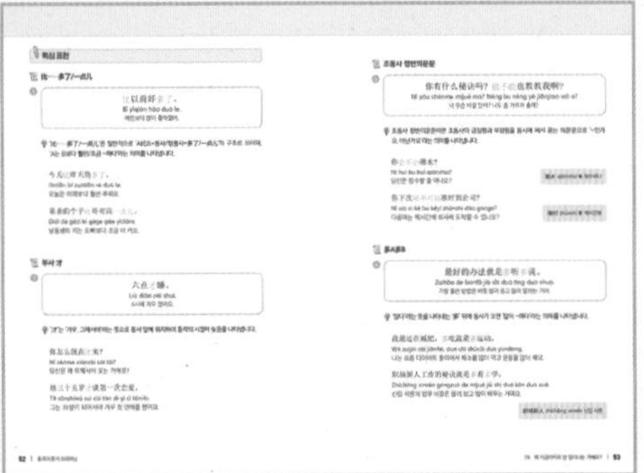

핵심 표현

문장에서 핵심이 되는 주요 표현을 학습하며, 이를 활용한 다양한 예문을 함께 익힙니다.

연습 문제

다양한 연습 문제를 통해 앞에서 배운 내용을 스스로 점검할 수 있습니다.

듣기 받아쓰기

받아쓰기 연습을 통해 듣기와 쓰기를 동시에 연습할 수 있습니다.

MP3 무료 다운로드

china.siwonschool.com

홈페이지 접속 ▶학습 지원 센터 ▶ 공부 자료실에서 다운로드 받으실 수 있습니다.

01 谁做的菜好吃?

누가 만든 요리가 맛있어요?

학습 목표 인물과 관련된 질문 및 표현을 파악할 수 있다.

핵심 표현 듣고 따라하기

Track 01-01

1. 我妈可好客呢。
   Wǒ mā kě hàokè ne.
   우리 엄마는 손님 초대하는 것을 아주 좋아하셔.

2. 这是我们的一点儿心意。
   Zhè shì wǒmen de yìdiǎnr xīnyì.
   이것은 우리의 작은 정성이야.

3. 你长得跟你爸真像!
   Nǐ zhǎng de gēn nǐ bà zhēn xiàng!
   너 아빠랑 정말 똑같이 생겼다!

실전 듣기 트레이닝 1

Step1 단어 알아보기

Track 01-02

단어	병음	뜻
要是	yàoshi	㉇ 만약 ~(이)라면
常	cháng	㉮ 자주
麻烦	máfan	㉯ 귀찮게 하다
可	kě	㉮ 매우 ~하다
好客	hàokè	㉰ 손님 접대를 좋아하다

Step2 현지 회화 들어 보기

Track 01-03

상황 1 친구의 집에 방문해 음식을 대접받을 때

· 음원을 들으며 빈칸에 알맞은 표현을 써 보세요.

Ⓐ 你妈妈______________真好吃。

Nǐ māma ______________ zhēn hǎo chī.

Ⓑ 是吗?______________你喜欢，可以______________来我家吃。

Shì ma? ______________ nǐ xǐhuan, kěyǐ ______________ lái wǒ jiā chī.

Ⓐ 那太______________你们了吧。

Nà tài ______________ nǐmen le ba.

Ⓑ 没事儿。你不知道，我妈可______________呢。

Méishìr. Nǐ bù zhīdào, wǒ mā kě ______________ ne.

실전 듣기 트레이닝 2

Step1 단어 알아보기

Track 01-04

단어	병음	뜻
准备	zhǔnbèi	ⓢ 준비하다
什么	shénme	ⓓ 무슨
礼物	lǐwù	ⓜ 선물
心意	xīnyì	ⓜ 마음, 성의
请	qǐng	ⓢ 한턱내다, (식사나 파티 등에) 초대하다

Step2 현지 회화 들어 보기

Track 01-05

상황 2 친구의 생일을 축하할 때

· 음원을 들으며 빈칸에 알맞은 표현을 써 보세요.

A 小丽，＿＿＿＿＿＿＿！这是我们给你＿＿＿＿＿＿＿的礼物。

Xiǎo Lì, ＿＿＿＿＿＿＿! Zhè shì wǒmen gěi nǐ ＿＿＿＿＿＿＿ de lǐwù.

B 谢谢大家！还准备＿＿＿＿＿＿＿啊！

Xièxie dàjiā! Hái zhǔnbèi ＿＿＿＿＿＿＿ a!

A 这是我们的一点儿＿＿＿＿＿＿＿。

Zhè shì wǒmen de yìdiǎnr ＿＿＿＿＿＿＿.

B 好吧，那今天我 ＿＿＿＿＿＿＿大家喝咖啡吧！

Hǎo ba, nà jīntiān wǒ ＿＿＿＿＿＿＿ dàjiā hē kāfēi ba!

실전 듣기 트레이닝 3

Step1 단어 알아보기

Track 01-06

단어	병음	뜻
照片	zhàopiàn	명 사진
年轻	niánqīng	형 젊다
长	zhǎng	동 생기다
像	xiàng	동 닮다, ~와(과) 비슷하다
以为	yǐwéi	동 ~라고 잘못 생각하다, ~인 줄 알다(착각하다)

Step2 현지 회화 들어 보기

Track 01-07

상황 3 친구 아버지의 젊은 시절 사진을 봤을 때

· 음원을 들으며 빈칸에 알맞은 표현을 써 보세요.

A 这张________上的人是你吗?

Zhè zhāng ________ shang de rén shì nǐ ma?

B 不，是________时候的我爸。

Bù, shì ________ shíhou de wǒ bà.

A 你________得跟你爸真________!

Nǐ ________ de gēn nǐ bà zhēn ________ !

B 是啊，好多人都________是我呢。

Shì a, hǎo duō rén dōu ________ shì wǒ ne.

핵심 표현

접속사 要是

1

要是你喜欢，可以常来我家吃。
Yàoshi nǐ xǐhuan, kěyǐ cháng lái wǒ jiā chī.
네가 좋다면, 우리 집에 자주 와서 먹어도 돼.

접속사 '要是'는 '만약 ~(이)라면'의 뜻으로 가정의 의미를 나타냅니다. 일반적으로 '要是A，就B' 구조로 쓰여 '만약 A라면, 곧 B한다'라는 의미를 나타냅니다.

要是你不愿意，你就不用来。
Yàoshi nǐ bú yuànyi, nǐ jiù bú yòng lái.
만약 당신이 원하지 않는다면, 당신은 오지 않아도 돼요.

愿意 yuànyi ⓓ 원하다

要是你生病了，就快去看医生吧。
Yàoshi nǐ shēngbìng le, jiù kuài qù kàn yīshēng ba.
만약 당신이 아프면, 빨리 진찰받으러 가세요.

전치사 给

2

这是我们给你准备的礼物。
Zhè shì wǒmen gěi nǐ zhǔnbèi de lǐwù.
이것은 우리가 너를 위해 준비한 선물이야.

'给'가 전치사로 쓰여 뒤에 동작의 대상이나 목적, 원인이 올 때 '~을(를) 위해'라는 뜻을 나타냅니다.

他给他女儿订了一个蛋糕。
Tā gěi tā nǚ'ér dìng le yí ge dàngāo.
그는 딸을 위해 케이크를 하나 주문했어요.

订 dìng ⓓ 주문하다

我们给老师买了一束花。
Wǒmen gěi lǎoshī mǎi le yí shù huā.
우리는 선생님을 위해 꽃을 한 다발 샀어요.

束 shù ⓛ 다발, 묶음, 단

跟……像

3

你长得跟你爸真像！
Nǐ zhǎng de gēn nǐ bà zhēn xiàng!
너 아빠랑 정말 똑같이 생겼다!

'跟……像'은 '~와(과)'라는 의미의 '跟'과 '닮다, 비슷하다'라는 의미의 '像'이 함께 쓰여 '~와(과) 닮다, 비슷하다'라는 뜻을 나타냅니다.

他的脾气跟他爷爷很像。
Tā de píqi gēn tā yéye hěn xiàng.
그의 성격은 그의 할아버지를 꼭 닮았어요.

脾气 píqi 명 성격, 기질

这个小孩儿跟你小时候的样子很像。
Zhège xiǎoháir gēn nǐ xiǎo shíhou de yàngzi hěn xiàng.
이 아이는 당신의 어렸을 때 모습과 꼭 닮았어요.

以为 용법

4

好多人都以为是我呢。
Hǎo duō rén dōu yǐwéi shì wǒ ne.
많은 사람들이 다 나인줄 알아.

동사 '以为'는 '~라고 생각하다, ~인 줄 알다'라는 뜻으로 주관적으로 추측한 결과가 사실과 다를 때 쓰는 표현입니다.

我以为他今天不来了呢。
Wǒ yǐwéi tā jīntiān bù lái le ne.
나는 오늘 그가 안 오는 줄 알았어요.

他以为女朋友的生日是下个月。
Tā yǐwéi nǚ péngyou de shēngrì shì xià ge yuè.
그는 여자 친구의 생일이 다음 달인 줄 알았어요.

연습 문제

1 녹음을 듣고 해당 단어를 쓰세요. Track 01-08

① ______________________ ② ______________________

③ ______________________ ④ ______________________

2 녹음을 듣고 내용이 맞으면 V, 틀리면 X를 표시하세요. Track 01-09

① 说话人做菜很好吃。 (　　)

② 男的不想请朋友来家里吃饭。 (　　)

③ 大家准备了礼物。 (　　)

④ 说话人现在看照片。 (　　)

3 녹음을 듣고 올바르게 해석한 문장에는 V, 틀리게 해석한 문장에는 X를 표시하세요. Track 01-10

① 우리 엄마는 손님 초대하는 것을 아주 싫어하셔. (　　)

② 이것은 우리가 너를 위해 준비한 선물이야. (　　)

③ 오늘은 내가 모두에게 밥을 살게! (　　)

④ 너 아빠랑 정말 똑같이 생겼다! (　　)

4 녹음을 듣고 알맞은 대답을 고르세요.

Track 01-11

상황 1

1. 女的觉得菜怎么样?

   A 太咸了　B 不太好吃　C 菜凉了　D 菜非常好吃

2. 男的的妈妈性格怎么样?

   A 性格不好　B 很幽默　C 生气了　D 很好客

상황 2

3. 男的为什么给女的买礼物?

   A 今天是女的的生日　B 她生气了　C 他追求她　D 她结婚了

4. 女的打算怎么做?

   A 送大家礼物　B 请大家吃饭　C 请大家喝咖啡　D 给大家唱歌

상황 3

5. 他们在干什么?

   A 打电话　B 相亲　C 买东西　D 看照片

6. 照片上的人是谁?

   A 女的的爸爸　B 男的自己　C 男的的爸爸　D 女的的丈夫

02 什么时候搬家?
언제 이사 가요?

학습 목표 시간과 관련된 질문 및 표현을 알 수 있다.

핵심 표현 듣고 따라하기

Track 02-01

1. 我后天下午请半天假。
Wǒ hòutiān xiàwǔ qǐng bàntiān jià.
나 모레 오후에 반차 낼게.

2. 上下班来回时间太长了。
Shàng xiàbān láihuí shíjiān tài cháng le.
출퇴근 왕복 시간이 너무 길어.

3. 那有什么的!
Nà yǒu shénme de!
그게 뭐 어때서!

실전 듣기 트레이닝 1

Step1 단어 알아보기

Track 02-02

단어	병음	뜻
除了	chúle	전 ~을(를) 제외하고
周日	zhōu rì	명 일요일
请假	qǐngjià	동 휴가를 내다
半天	bàntiān	한나절

Step2 현지 회화 들어 보기

Track 02-03

상황 1 친구와 약속을 잡을 때

· 음원을 들으며 빈칸에 알맞은 표현을 써 보세요.

A 你 ______________ 都去图书馆吗？

Nǐ ______________ dōu qù túshūguǎn ma?

B ______________ 周日，我每天都去。

______________ zhōu rì, wǒ měi tiān dōu qù.

A 我后天下午 ______________，我跟你一起去吧。

Wǒ hòutiān xiàwǔ ______________, wǒ gēn nǐ yìqǐ qù ba.

B ______________，那后天见。

______________, nà hòutiān jiàn.

실전 듣기 트레이닝 2

Step1 단어 알아보기

Track 02-04

단어	병음	뜻
下个星期	xià ge xīngqī	다음 주
搬家	bānjiā	동 이사하다
离	lí	전 ~에서, ~로부터
上下班	shàng xiàbān	출퇴근
来回	láihuí	동 왕복하다

Step2 현지 회화 들어 보기

Track 02-05

상황 2 이사 계획을 말할 때

· 음원을 들으며 빈칸에 알맞은 표현을 써 보세요.

A 我下个星期＿＿＿＿＿＿＿。

Wǒ xià ge xīngqī ＿＿＿＿＿＿＿.

B 你要搬＿＿＿＿＿＿＿哪儿?

Nǐ yào bān ＿＿＿＿＿＿＿ nǎr?

A 公司附近。现在的家＿＿＿＿＿＿＿公司太＿＿＿＿＿＿＿了。

Gōngsī fùjìn. Xiànzài de jiā ＿＿＿＿＿＿＿ gōngsī tài ＿＿＿＿＿＿＿ le.

B 是有点儿远，上下班＿＿＿＿＿＿＿时间太长了。

Shì yǒudiǎnr yuǎn, shàng xiàbān ＿＿＿＿＿＿＿ shíjiān tài cháng le.

실전 듣기 트레이닝 3

Step1 단어 알아보기

Track 02-06

단어	병음	뜻
这些	zhèxiē	㉹ 이것들, 이런 것들
是……的	shì……de	~인 것이다(과거에 발생한 일의 시간, 장소 등을 강조)
上周	shàng zhōu	지난주
越A越B	yuèAyuèB	A하면 할수록 B하다

Step2 현지 회화 들어 보기

Track 02-07

상황 3 옷 구매 경험을 말할 때

· 음원을 들으며 빈칸에 알맞은 표현을 써 보세요.

A 这些______________是什么时候买的?

Zhèxiē ______________ shì shénme shíhou mǎi de?

B 都是______________买的。

Dōu shì ______________ mǎi de.

A 你又买了这么多，______________不是也买了吗?

Nǐ yòu mǎi le zhème duō, ______________ bú shì yě mǎi le ma?

B 那有什么的！衣服______________多______________好嘛。

Nà yǒu shénme de! Yīfu ______________ duō ______________ hǎo ma.

핵심 표현

접속사 除了

1

除了周日，我每天都去。
Chúle zhōu rì, wǒ měi tiān dōu qù.
일요일을 제외하고, 나는 매일 다 가.

'除了'는 '~을(를) 제외하고'라는 뜻으로 뒤 절에 부사 都를 동반할 경우 '除了A, 都B'의 구조로 쓰여 'A를 제외하고 모두 B하다'라는 의미를 나타냅니다.

除了学习，他没有什么爱好。
Chúle xuéxí, tā méiyǒu shénme àihào.
공부 말고, 그는 아무런 취미가 없어요.

除了海鲜，他还喜欢吃五花肉。
Chúle hǎixiān, tā hái xǐhuan chī wǔhuāròu.
해산물 말고, 그는 삼겹살 먹는 것도 좋아해요.

海鲜 hǎixiān 명 해산물
五花肉 wǔhuāròu 명 삼겹살

전치사 离

2

现在的家离公司太远了。
Xiànzài de jiā lí gōngsī tài yuǎn le.
지금 집은 회사에서 너무 멀어.

'离'는 '~에서, ~로부터'라는 뜻으로 일반적으로 'A离B+远/近'의 구조로 쓰여 장소의 멀고 가까움을 나타냅니다.

他的公司离市中心不近。
Tā de gōngsī lí shì zhōngxīn bú jìn.
그의 회사는 도심에서 가깝지 않아요.

四川离湖南不算太远。
Sìchuān lí Húnán bú suàn tài yuǎn.
쓰촨은 후난에서 먼 편이 아니에요.

四川 Sìchuān 고유 쓰촨(지명)
湖南 Húnán 고유 후난(지명)
不算 bú suàn ~한 편이 아니다

是……的 강조 구문

3

这些衣服是什么时候买的？
Zhèxiē yīfu shì shénme shíhou mǎi de?
이 옷들은 언제 산 거야?

'是……的' 강조 구문은 이미 발생한 과거의 일 중에서 시간, 장소, 방식, 목적, 대상 등을 강조할 때 쓰며, '주어+是+강조 내용+的'의 구조로 쓰입니다.

他是去年来韩国的。
Tā shì qùnián lái Hánguó de.
그는 작년에 한국에 왔어요.(작년에 한국에 왔음을 강조)

她姐姐是坐前天早上的飞机来的。
Tā jiějie shì zuò qiántiān zǎoshang de fēijī lái de.
그녀의 언니는 그저께 아침 비행기를 타고 왔어요.(그저께 아침 비행기를 타고 왔음을 강조)

越A越B

衣服越多越好嘛。
Yīfu yuè duō yuè hǎo ma.
옷은 많을수록 좋은 거잖아.

'越A越B'는 'A할수록 B하다'라는 뜻으로 시간의 경과나 조건에 따라 그 정도가 변화함을 나타낼 때 쓰는 표현입니다. 일반적으로 A와 B 자리에는 동사나 형용사가 위치합니다.

我觉得汉语越学越容易。
Wǒ juéde Hànyǔ yuè xué yuè róngyì.
나는 중국어가 공부할수록 쉽다고 생각해요.

他的儿子越长大越不喜欢在家了。
Tā de érzi yuè zhǎng dà yuè bù xǐhuan zài jiā le.
그의 아들은 커갈수록 집에 있기를 싫어해요.

연습 문제

1 녹음을 듣고 해당 단어를 쓰세요. Track 02-08

❶ ______________________ ❷ ______________________

❸ ______________________ ❹ ______________________

2 녹음을 듣고 내용이 맞으면 V, 틀리면 X를 표시하세요. Track 02-09

❶ 女的每天都去图书馆。 (　　)

❷ 男的后天下午请半天假。 (　　)

❸ 女的这个星期搬家。 (　　)

❹ 女的想要很多衣服。 (　　)

3 녹음을 듣고 올바르게 해석한 문장에는 V, 틀리게 해석한 문장에는 X를 표시하세요. Track 02-10

❶ 너는 매일 학원에 가니? (　　)

❷ 지금 집은 회사에서 너무 멀어. (　　)

❸ 출퇴근 왕복 시간이 너무 길어. (　　)

❹ 신발은 많을수록 좋은 거잖아. (　　)

4 녹음을 듣고 알맞은 대답을 고르세요.

Track 02-11

상황 1

1 女的什么时候不去图书馆?

A 周一　B 周二　C 周四　D 周日

2 男的什么时候请半天假?

A 今天　B 明天　C 后天　D 大后天

상황 2

3 女的要搬到哪儿?

A 家附近　B 公司附近　C 车站附近　D 商店附近

4 男的认为女的的家怎么样?

A 面积很大　B 离家很近　C 离公司太远　D 交通不方便

상황 3

5 这些衣服是什么时候买的?

A 上个月　B 上个星期　C 前天　D 昨天

6 男的对女的买衣服是怎么想的?

A 应该多买　B 应该买两件　C 不应该买　D 不应该买裙子

03 饭都凉了，你快出来吃饭吧。

밥 벌써 식었어요. 빨리 나와서 먹어요.

학습 목표 사람의 동작이나 행동과 관련된 질문 및 표현을 알 수 있다.

핵심 표현 듣고 따라하기

Track 03-01

1. 我要一杯冰美式。
Wǒ yào yì bēi bīng měi shì.
아이스 아메리카노 한 잔 주세요.

2. 看我这记性。
Kàn wǒ zhè jìxing.
내 정신 좀 봐.

3. 这不是来了嘛！
Zhè bú shì lái le ma!
지금 왔잖아요!

실전 듣기 트레이닝 1

Step1 단어 알아보기

Track 03-02

단어	병음	뜻
冰美式	bīng měi shì	아이스 아메리카노
带走	dàizǒu	가지고 가다, 테이크아웃하다
少冰	shǎo bīng	얼음을 적게 넣다

Step2 현지 회화 들어 보기

Track 03-03

상황 1 카페에서 커피를 주문할 때

· 음원을 들으며 빈칸에 알맞은 표현을 써 보세요.

A 您好，您______什么？
Nín hǎo, nín ______ shénme?

B 我要一杯______。
Wǒ yào yì bēi ______ .

A 大杯还是小杯？______还是______？
Dà bēi háishi xiǎo bēi? ______ háishi ______ ?

B 大杯的吧，______，在这儿喝。
Dà bēi de ba, ______ , zài zhèr hē.

실전 듣기 트레이닝 2

Step1 단어 알아보기

Track 03-04

단어	병음	뜻
新鲜	xīnxiān	ⓗ 신선하다, 싱싱하다
记性	jìxing	ⓜ 기억, 기억력
得	děi	(조동) ~해야 한다
把	bǎ	ⓙ ~을(를)

Step2 현지 회화 들어 보기

Track 03-05

상황 2 구매한 물건을 확인할 때

· 음원을 들으며 빈칸에 알맞은 표현을 써 보세요.

A 你买了这么多______________？都买什么了？

Nǐ mǎi le zhème duō ______________ ? Dōu mǎi shénme le?

B 面包，鸡蛋，还有牛奶。

Miànbāo, jīdàn, hái yǒu niúnǎi.

今天水果不______________，就没买。

Jīntiān shuǐguǒ bù ______________ , jiù méi mǎi.

A 咱家______________里还有牛奶呢。

Zán jiā ______________ li hái yǒu niúnǎi ne.

B 啊？看我这记性。那得先______________那瓶喝了。

Á? Kàn wǒ zhè jìxing. Nà děi xiān ______________ nà píng hē le.

실전 듣기 트레이닝 3

Step1 단어 알아보기

Track 03-06

단어	병음	뜻
都……了	dōu……le	벌써 ~이 되었다
凉	liáng	형 (음식이) 식은, 차가운
再不	zài bù	~하지 않으면, 그렇지 않으면
替	tì	동 대신하다, 대신해주다

Step2 현지 회화 들어 보기

Track 03-07

상황 3 상대방을 재촉하며 부를 때

· 음원을 들으며 빈칸에 알맞은 표현을 써 보세요.

A 饭都＿＿＿＿＿＿了，你快出来吃饭吧。

Fàn dōu ＿＿＿＿＿＿ le, nǐ kuài chūlai chīfàn ba.

B 好，＿＿＿＿＿＿来。

Hǎo, ＿＿＿＿＿＿ lái.

A 你＿＿＿＿＿＿来，我就＿＿＿＿＿＿你把电脑关了。

Nǐ ＿＿＿＿＿＿ lái, wǒ jiù ＿＿＿＿＿＿ nǐ bǎ diànnǎo guān le.

B 来了来了，＿＿＿＿＿＿来了嘛！

Lái le lái le, ＿＿＿＿＿＿ lái le ma!

핵심 표현

A还是B

1

大杯还是小杯?在这儿喝还是带走?
Dà bēi háishi xiǎo bēi? Zài zhèr hē háishi dàizǒu?
라지 사이즈요, 아니면 스몰 사이즈요? 여기에서 드세요, 아니면 테이크아웃하세요?

'还是'는 '아니면'이라는 뜻으로 일반적으로 'A还是B' 구조로 쓰여 'A 아니면 B입니까?'라는 의미를 나타내며, 둘 중에 하나를 선택하는 의문문에 쓰이는 표현입니다.

你这次旅行去北京，还是去上海?
Nǐ zhè cì lǚxíng qù Běijīng, háishi qù Shànghǎi?
당신은 이번 여행 때 베이징에 가세요, 아니면 상하이에 가세요?

你平时喜欢玩儿游戏，还是喜欢摄影?
Nǐ píngshí xǐhuan wánr yóuxì, háishi xǐhuan shèyǐng?
당신은 평소에 게임하는 것을 좋아하세요, 아니면 사진 찍는 것을 좋아하세요?

摄影 shèyǐng 동 촬영하다

在+장소+동작

2

大杯的吧，少冰在这儿喝。
Dà bēi de ba, shǎo bīng zài zhèr hē.
라지 사이즈요, 얼음 적게요, 여기에서 마실게요.

'在'는 '~에서'라는 뜻으로 '在'+명사/대사(장소)' 구조로 쓰이며, 어떤 동작이 일어나는 장소임을 나타냅니다.

我弟弟在北京上大学。
Wǒ dìdi zài Běijīng shàng dàxué.
내 남동생은 베이징에서 대학교를 다녀요.

他下午一般都在图书馆里看书。
Tā xiàwǔ yìbān dōu zài túshūguǎn li kàn shū.
그는 오후에 보통 도서관에서 책을 봐요.

전치사 把

3

那得先把那瓶喝了。
Nà děi xiān bǎ nà píng hē le.
그럼 우선 그것부터 마셔야겠어요.

'把'는 '~을(를)'이라는 뜻으로 목적어를 강조할 때에 사용하는 전치사입니다. 전치사 '把'를 사용하는 문장의 구조는 '주어+把+목적어+술어+기타 성분'입니다.

我把这本书放你那儿吧。
Wǒ bǎ zhè běn shū fàng nǐ nàr ba.
내가 이 책을 당신에게 맡길게요.

你先把作业写完，然后出去玩儿。
Nǐ xiān bǎ zuòyè xiěwán, ránhòu chūqu wánr.
너 먼저 숙제 다 하고 나서 놀러 나가.

再不

4

你再不来，我就替你把电脑关了。
Nǐ zài bù lái, wǒ jiù tì nǐ bǎ diànnǎo guān le.
너 안 오면, 내가 대신 컴퓨터 끈다.

'再不'는 '~하지 않으면'이라는 뜻으로 일반적으로 뒤에 동사가 위치하며 '(동사) 하지 않으면' 어떠한 결과가 초래함을 나타낼 때 쓰는 표현입니다.

你再不起床，上班就迟到了。
Nǐ zài bù qǐchuáng, shàngbān jiù chídào le.
너 안 일어나면, 회사 지각이야.

你再不好好儿学习，就考不上好大学。
Nǐ zài bù hǎohāor xuéxí, jiù kǎo bu shàng hǎo dàxué.
너 열심히 공부하지 않으면, 좋은 대학에 합격할 수 없어.

연습 문제

1 녹음을 듣고 해당 단어를 쓰세요. Track 03-08

① ____________________ ② ____________________

③ ____________________ ④ ____________________

2 문장을 듣고 내용이 맞으면 V, 틀리면 X를 표시하세요. Track 03-09

① 男的点了美式咖啡。 (   )

② 女的今天买了水果。 (   )

③ 说话人家的冰箱里还有牛奶。 (   )

④ 现在没有饭了。 (   )

3 녹음을 듣고 올바르게 해석한 문장에는 V, 틀리게 해석한 문장에는 X를 표시하세요. Track 03-10

① 안녕하세요, 무엇을 도와드릴까요? (   )

② 여기에서 드세요, 아니면 테이크아웃하세요? (   )

③ 당신 이렇게 많은 물건을 샀어요? (   )

④ 너 안 오면, 내가 대신 텔레비전 끈다. (   )

4 녹음을 듣고 알맞은 대답을 고르세요.

Track 03-11

상황 1

1 男的点了什么饮料?

A 冰牛奶　B 芬达　C 可乐　D 冰美式

2 女的是做什么的?

A 公司职员　B 学生　C 司机　D 咖啡厅服务员

상황 2

3 女的没买什么?

A 鸡蛋　B 水果　C 牛奶　D 面包

4 女的是什么意思?

A 得先喝家里的牛奶　B 得吃水果　C 得去市场　D 得买冰箱

상황 3

5 男的在做什么?

A 跟朋友聊天　B 吃饭　C 玩儿电脑　D 运动

6 女的让男的干什么?

A 吃饭　B 开电脑　C 结账　D 关空调

04 哪个部分没明白?

어느 부분을 이해 못했어요?

학습 목표 선택과 관련된 질문 및 표현을 알 수 있다.

핵심 표현 듣고 따라하기

Track 04-01

1

这条裤子好像有点儿瘦。
Zhè tiáo kùzi hǎoxiàng yǒudiǎnr shòu.
이 바지는 좀 작은 것 같아.

2

这个题你听明白了吗?
Zhège tí nǐ tīng míngbai le ma?
이 문제 알아 들었니?

3

我觉得看着有点儿呆。
Wǒ juéde kànzhe yǒudiǎnr dāi.
나는 좀 멍해 보이는 것 같아.

실전 듣기 트레이닝 1

Step1 단어 알아보기

Track 04-02

단어	병음	뜻
条	tiáo	ⓔ 가늘고 긴 것을 세는 단위
裤子	kùzi	ⓜ 바지
左手	zuǒshǒu	ⓜ 왼손
试	shì	ⓓ 시험 삼아 해 보다
瘦	shòu	ⓗ (의복이나 양말, 신발 따위가) 작다, 꼭 끼다
短	duǎn	ⓗ 짧다
另	lìng	ⓓ 다른, 그 밖(이외)의

Step2 현지 회화 들어 보기

Track 04-03

상황 1 두 벌의 바지 중 하나를 고를 때

· 음원을 들으며 빈칸에 알맞은 표현을 써 보세요.

A 这两条__________哪条更好看?

Zhè liǎng tiáo __________ nǎ tiáo gèng hǎokàn?

B 我觉得__________里的这条好看点儿，你先试试吧。

Wǒ juéde __________ li de zhè tiáo hǎokàn diǎnr, nǐ xiān shìshi ba.

A 这条裤子好像__________，还__________。

Zhè tiáo kùzi hǎoxiàng __________, hái __________.

B 那你再试试__________吧，我再帮你看看。

Nà nǐ zài shìshi __________ ba, wǒ zài bāng nǐ kànkan.

실전 듣기 트레이닝 2

Step1 단어 알아보기

Track 04-04

단어	병음	뜻
题	tí	명 문제, 연습 문제, 시험 문제
明白	míngbai	동 이해하다, 알다
部分	bùfen	명 부분
单词	dāncí	명 단어, 낱말

Step2 현지 회화 들어 보기

Track 04-05

상황 2 이해하지 못하는 부분을 물어볼 때

· 음원을 들으며 빈칸에 알맞은 표현을 써 보세요.

A 这个题你听＿＿＿＿＿＿了吗?

Zhège tí nǐ tīng ＿＿＿＿＿＿ le ma?

B 我＿＿＿＿＿＿。

Wǒ ＿＿＿＿＿＿.

A ＿＿＿＿＿＿部分没明白?

＿＿＿＿＿＿ bùfen méi míngbai?

B 这里，这个＿＿＿＿＿＿是什么意思?

Zhèli, zhège ＿＿＿＿＿＿ shì shénme yìsi?

실전 듣기 트레이닝 3

Step1 단어 알아보기

Track 04-06

단어	병음	뜻
后边	hòubian	명 뒤, 뒤쪽
海	hǎi	명 바다
表情	biǎoqíng	명 표정
奇怪	qíguài	형 이상하다
呆	dāi	형 멍하다, 어리둥절하다

Step2 현지 회화 들어 보기

Track 04-07

상황 3 두 장의 사진 중 한 장을 고를 때

· 음원을 들으며 빈칸에 알맞은 표현을 써 보세요.

A 这两张______哪张更好看?

Zhè liǎng zhāng ______ nǎ zhāng gèng hǎokàn?

B 两张都好看，不过______有海的更好看。

Liǎng zhāng dōu hǎokàn, búguò ______ yǒu hǎi de gèng hǎokàn.

A 这张______不奇怪吗? 我觉得看着有点儿呆。

Zhè zhāng ______ bù qíguài ma? Wǒ juéde kànzhe yǒudiǎnr dāi.

B 不奇怪，我觉得______呢。

Bù qíguài, wǒ juéde ______ ne.

핵심 표현

부사 更

1

这两条裤子哪条更好看?
Zhè liǎng tiáo kùzi nǎ tiáo gèng hǎokàn?
이 두 바지 중에 어느 것이 더 예뻐?

부사 '更'은 '더욱, 훨씬'이라는 뜻으로 뒤에 형용사가 위치하며, 둘 이상의 대상 중에서 어떠한 하나가 '더욱(훨씬) ~하다'라는 비교의 차이를 강조할 때 쓰는 표현입니다.

冬天和夏天之中，我更喜欢冬天。
Dōngtiān hé xiàtiān zhī zhōng, wǒ gèng xǐhuan dōngtiān.
겨울과 여름 중에 나는 겨울이 훨씬 좋아요.

他好像更喜欢在家里呆着。
Tā hǎoxiàng gèng xǐhuan zài jiāli dāizhe.
그는 집에서 멍하니 있는 것을 더 좋아하는 것 같아요.

동사 중첩

2

你先试试吧。
Nǐ xiān shìshi ba.
너 우선 한번 입어 봐.

동사 중첩은 '한번(좀) ~하다'라는 뜻으로 가볍고 부드러운 어감을 나타내며, 두 번째 음절은 경성으로 읽습니다.

你想尝尝这个蛋糕吗?
Nǐ xiǎng chángchang zhège dàngāo ma?
너 이 케이크 한번 맛 보고 싶니?

我周末喜欢看看电影，打打篮球。
Wǒ zhōumò xǐhuan kànkan diànyǐng, dǎda lánqiú.
나는 주말에 영화 (좀) 보고, 농구 (좀) 하는 것을 좋아해요.

부사 有点儿

3

这条裤子好像有点儿瘦，还有点儿短。
Zhè tiáo kùzi hǎoxiàng yǒudiǎnr shòu, hái yǒudiǎnr duǎn.
이 바지는 좀 작은 것 같아, 그리고 좀 짧아.

'有点儿'은 '조금, 약간'이라는 뜻으로 술어 앞에 놓여 불만을 표시할 때 사용합니다.

他最近心情有点儿不好。
Tā zuìjìn xīnqíng yǒudiǎnr bù hǎo.
그는 요즘 기분이 좀 좋지 않아요.

今天天气有点儿冷，你穿羽绒服吧。
Jīntiān tiānqì yǒudiǎnr lěng, nǐ chuān yǔróngfú ba.
오늘 날씨가 좀 추워요, 당신 패딩 입어요.

羽绒服 yǔróngfú 명 패딩

挺……的

4

我觉得挺可爱的呢。
Wǒ juéde tǐng kě'ài de ne.
내 생각에는 되게 귀여운 걸.

'挺'은 '아주, 매우'라는 뜻으로 뒤에 '的'를 동반하여 '挺……的'라는 구조로 많이 쓰이며 중간에 형용사가 위치합니다.

这里的菜挺好吃的。
Zhèli de cài tǐng hǎochī de.
여기 음식 아주 맛있어요.

我记得她男朋友的个子挺高的。
Wǒ jìde tā nán péngyou de gèzi tǐng gāo de.
내 기억에 그녀의 남자 친구의 키가 매우 컸던 것 같아요.

연습 문제

1 녹음을 듣고 해당 단어를 쓰세요. Track 04-08

① ____________ ② ____________

③ ____________ ④ ____________

2 문장을 듣고 내용이 맞으면 V, 틀리면 X를 표시하세요. Track 04-09

① 右手里的裤子更好看。 (　　)

② 这条裙子有点儿短。 (　　)

③ 男的都明白了。 (　　)

④ 男的不懂这个单词。 (　　)

3 녹음을 듣고 올바르게 해석한 문장에는 V, 틀리게 해석한 문장에는 X를 표시하세요. Track 04-10

① 이 두 바지 중에 어느 것이 더 예뻐? (　　)

② 그럼 다시 다른 거 먹어 봐봐. (　　)

③ 이 문제 알아 들었니? (　　)

④ 두 장 다 예쁜데, 뒤에 바다가 있는 것이 더 예뻐. (　　)

4 녹음을 듣고 알맞은 대답을 고르세요.

Track 04-11

상황 1

① 女的觉得哪条裤子好看?

A 蓝色的　B 左手里的　C 牛仔裤　D 短裤

② 男的觉得这条裤子怎么样?

A 有点儿瘦　B 有点儿长　C 太贵了　D 颜色不好看

상황 2

③ 男的在做什么?

A 听歌　B 上班　C 考试　D 上课

④ 男的哪儿没听懂?

A 一个单词　B 前面一部分　C 最后一部分　D 听力部分

상황 3

⑤ 他们在看什么?

A 电视　B 电影　C 照片　D 房子

⑥ 男的觉得这张照片怎么样?

A 衣服奇怪　B 景色很好看　C 表情很开心　D 表情有点儿呆

05 我们明天在哪儿见?
우리 내일 어디에서 만나요?

학습 목표 장소와 관련된 질문 및 표현을 알 수 있다.

핵심 표현 듣고 따라하기

Track 05-01

1. 现在不让用。
Xiànzài bú ràng yòng.
지금 못 쓰게 해.

2. 我怕你找不着我。
Wǒ pà nǐ zhǎo bu zháo wǒ.
네가 나를 못 찾을까 봐 걱정돼.

3. 别慌别慌，护照我拿着呢。
Bié huāng bié huāng, hùzhào wǒ názhe ne.
당황하지 마, 여권 내가 가지고 있잖아.

실전 듣기 트레이닝 1

Step1 단어 알아보기

Track 05-02

단어	병음	뜻
附近	fùjìn	명 근처, 부근
卫生间	wèishēngjiān	명 화장실
超市	chāoshì	명 마트, 슈퍼마켓
对面	duìmiàn	동 맞은편, 반대편
公共	gōnggòng	형 공공의, 공용의
正在……呢	zhèngzài……ne	~을(를) 하고 있는 중이다
修理	xiūlǐ	동 수리하다

Step2 현지 회화 들어 보기

Track 05-03

상황 1 위치를 물어볼 때

· 음원을 들으며 빈칸에 알맞은 표현을 써 보세요.

A 请问，这附近有______________吗?

Qǐngwèn, zhè fùjìn yǒu ______________ ma?

B ______________有个公共卫生间。

______________ yǒu ge gōnggòng wèishēngjiān.

A 那个卫生间正在修理呢，现在______________。

Nàge wèishēngjiān zhèngzài xiūlǐ ne, xiànzài ______________.

B 那我也______________。

Nà wǒ yě ______________.

실전 듣기 트레이닝 2

Step1 단어 알아보기

Track 05-04

단어	병음	뜻
王府井	Wángfǔjǐng	고유 왕푸징(베이징의 대표적 쇼핑 거리)
地铁站	dìtiě zhàn	지하철역
出口	chūkǒu	명 출구
怕	pà	동 걱정이 되다
找不着	zhǎo bu zháo	찾을 수 없다

Step2 현지 회화 들어 보기

Track 05-05

상황 2 약속 장소를 정할 때

· 음원을 들으며 빈칸에 알맞은 표현을 써 보세요.

A 我们明天＿＿＿＿＿＿呢？

Wǒmen míngtiān ＿＿＿＿＿＿ ne?

B 在王府井地铁站＿＿＿＿＿＿见吧。

Zài Wángfǔjǐng dìtiě zhàn ＿＿＿＿＿＿ jiàn ba.

A 那儿人太多了，我怕你＿＿＿＿＿＿我。

Nàr rén tài duō le, wǒ pà nǐ ＿＿＿＿＿＿ wǒ.

B 要是找不着，我就给你＿＿＿＿＿＿。

Yàoshi zhǎo bu zháo, wǒ jiù gěi nǐ ＿＿＿＿＿＿.

실전 듣기 트레이닝 3

Step1 단어 알아보기

Track 05-06

단어	병음	뜻
开始	kāishǐ	⑤ 시작하다
登机	dēng jī	비행기에 탑승하다
机票	jī piào	비행기표
拿	ná	⑤ (손으로) 잡다, 쥐다, 가지다
护照	hùzhào	⑲ 여권
慌	huāng	⑲ 당황하다, 허둥대다

Step2 현지 회화 들어 보기

Track 05-07

상황 3 물건을 찾을 때

· 음원을 들으며 빈칸에 알맞은 표현을 써 보세요.

A 几点开始＿＿＿＿＿＿＿？

Jǐ diǎn kāishǐ ＿＿＿＿＿＿＿ ?

B 十二点半。＿＿＿＿＿＿＿拿出来吧，马上就登机了。

Shí'èr diǎn bàn. ＿＿＿＿＿＿＿ ná chūlai ba, mǎshàng jiù dēng jī le.

A 机票在这儿。哎？我＿＿＿＿＿＿＿呢?

Jī piào zài zhèr. Āi? Wǒ ＿＿＿＿＿＿＿ ne?

B ＿＿＿＿＿＿＿，护照我拿着呢。

＿＿＿＿＿＿＿ , hùzhào wǒ názhe ne.

핵심 표현

존현문 有

1

请问，这附近有卫生间吗？
Qǐngwèn, zhè fùjìn yǒu wèishēngjiān ma?
실례합니다, 이 근처에 화장실이 있나요?

'有'가 존현문에 쓰일 때에는 '~에 ~(이)가 있다'라는 뜻으로 어떤 장소에 무엇이 존재하는지를 나타냅니다.

地铁站里有自动卖票机。
Dìtiě zhàn li yǒu zìdòng mài piào jī.
지하철역 안에 자동 매표기가 있어요.

我家有一个老式的挂钟。
Wǒ jiā yǒu yí ge lǎoshì de guàzhōng.
우리 집에는 오래된 벽시계가 하나 있어요.

老式 lǎoshì 형 오래된, 구식의
挂钟 guàzhōng 명 벽시계, 괘종시계

正在……呢

2

那个卫生间正在修理呢，现在不让用。
Nàge wèishēngjiān zhèngzài xiūlǐ ne, xiànzài bú ràng yòng.
그 화장실은 수리 중이라서, 지금 못 쓰게 하더라고요.

'正在……呢'는 '마침 ~하는 중이다'라는 뜻으로 동작의 진행을 나타낼 때 쓰며, 문장 끝에 제시되는 '呢'는 생략할 수 있습니다.

姐姐正在睡觉(呢)。
Jiějie zhèngzài shuìjiào (ne).
언니(누나)는 잠을 자는 중이에요.

他最近正在准备婚礼(呢)。
Tā zuìjìn zhèngzài zhǔnbèi hūnlǐ (ne).
그는 요즘 결혼 준비 중이에요.

婚礼 hūnlǐ 명 결혼식

가능보어 不着

3

要是找不着，我就给你打电话。
Yàoshi zhǎo bu zháo, wǒ jiù gěi nǐ dǎ diànhuà.
만약에 못 찾겠으면 너에게 바로 전화할게.

'不着'는 '~할 수 없다, ~하지 못하다'라는 뜻으로 동사 뒤에 놓여 어떤 동작을 실현할 수 없음을 나타낼 때 씁니다.

我紧张得睡不着觉。
Wǒ jǐnzhāng de shuì bu zháo jiào.
나는 너무 긴장해서 잠이 오지 않아요.

雾太大，我看不着前边的路。
Wù tài dà, wǒ kàn bu zháo qiánbiān de lù.
안개가 너무 짙어서, 나는 앞의 길이 보이지 않아요.

방향보어 出来

4

机票拿出来吧，马上就登机了。
Jī piào ná chūlai ba, mǎshàng jiù dēng jī le.
비행기표 꺼내, 곧 탑승할 거야.

방향보어 '出来'의 기본적인 의미는 '안에서 밖으로 나오다'라는 뜻이지만 의미가 확장되어 쓰일 경우 '숨겨져 있던 것이 드러나다', '사람이나 사물을 식별하거나 분별하다'의 의미를 나타냅니다.

他昨天想出来了一个好办法。
Tā zuótiān xiǎng chūlai le yí ge hǎo bànfǎ.
그는 어제 좋은 방법을 생각해 냈어요.

那句话他说出来就后悔了。
Nà jù huà tā shuō chūlai jiù hòuhuǐ le.
그 말을 그는 입 밖에 낸 후에 후회했어요.

연습 문제

1 녹음을 듣고 해당 단어를 쓰세요. Track 05-08

① ______________ ② ______________

③ ______________ ④ ______________

2 문장을 듣고 내용이 맞으면 V, 틀리면 X를 표시하세요. Track 05-09

① 女的要去卫生间。 (　　)

② 他们明天不见面。 (　　)

③ 他们在地铁站见。 (　　)

④ 马上要登机了。 (　　)

3 녹음을 듣고 올바르게 해석한 문장에는 V, 틀리게 해석한 문장에는 X를 표시하세요. Track 05-10

① 마트 오른쪽에 공중화장실이 하나 있어요. (　　)

② 그 화장실은 수리 중이라서, 지금 못 쓰게 하더라고요. (　　)

③ 곧 탑승할 거야. (　　)

④ 당황하지 마, 비행기표 내가 가지고 있잖아. (　　)

4 녹음을 듣고 알맞은 대답을 고르세요.

Track 05-11

상황 1

1. 女的要去哪儿?

A 体育馆 B 医院 C 学校 D 卫生间

2. 现在那个卫生间怎么了?

A 坏了 B 人很多 C 没开灯 D 太脏了

상황 2

3. 他们明天在哪儿见?

A 火车站 B 地铁站 C 百货商店 D 早餐店

4. 男的怕什么?

A 怕不能见面 B 怕找不到路 C 怕没有地铁 D 怕女的找不着他

상황 3

5. 他们几点登机?

A 十点半 B 十一点 C 十二点 D 十二点半

6. 他们可能在哪儿?

A 船上 B 机场里 C 飞机上 D 火车上

06 你怎么到现在还不起床?

왜 지금까지도 안 일어나는 거예요?

학습 목표 상황이나 상태와 관련된 질문 및 표현을 알 수 있다.

핵심 표현 듣고 따라하기

Track 06-01

1. 进步神速，比以前好多了。
   Jìnbù shénsù, bǐ yǐqián hǎo duō le.
   팍팍 느는구나, 예전보다 많이 좋아졌어.

2. 我昨天开夜车写作业了。
   Wǒ zuótiān kāi yèchē xiě zuòyè le.
   나는 어제 밤새워 숙제를 했어요.

3. 能不能也教教我啊?
   Néng bu néng yě jiāojiao wǒ a?
   나도 좀 가르쳐 줄래?

실전 듣기 트레이닝 1

Step1 단어 알아보기

Track 06-02

단어	병음	뜻
汉字	Hànzì	명 한자
동사+得+怎么样	동사+de+zěnmeyàng	~하는 정도가 어때?
进步	jìnbù	동 늘다, 발전하다
神速	shénsù	형 극히 빠르다, 신속하다
以前	yǐqián	명 이전
练习	liànxí	동 연습하다

Step2 현지 회화 들어 보기

Track 06-03

상황 1 이전보다 실력이 늘었을 때

· 음원을 들으며 빈칸에 알맞은 표현을 써 보세요.

A 这些______都是你写的吗?

Zhèxiē ______ dōu shì nǐ xiě de ma?

B 对，我写得______?

Duì, wǒ xiě de ______ ?

A 进步神速，比______好多了。

Jìnbù shénsù, bǐ ______ hǎo duō le.

B 真的? 我每天都______写汉字呢。

Zhēn de? Wǒ měi tiān dōu ______ xiě Hànzì ne.

실전 듣기 트레이닝 2

Step1 단어 알아보기

Track 06-04

단어	병음	뜻
起床	qǐchuáng	⑧ 일어나다, 기상하다
开夜车	kāi yèchē	밤을 새다
提前	tíqián	⑧ 미리, 예정된 시간 또는 기한을 앞당기다

Step2 현지 회화 들어 보기

Track 06-05

상황 2 밤새 숙제하고 늦잠 자는 아이를 깨울 때

· 음원을 들으며 빈칸에 알맞은 표현을 써 보세요.

A 你怎么到现在还不______________?

Nǐ zěnme dào xiànzài hái bù __________ ?

B 我昨天______________写作业了，六点才睡。

Wǒ zuótiān __________ xiě zuòyè le, liù diǎn cái shuì.

A 什么？开夜车？作业要______________啊。

Shénme? Kāi yèchē? Zuòyè yào __________ a.

B 妈，知道了，让我再______________吧。

Mā, zhīdao le, ràng wǒ zài __________ ba.

실전 듣기 트레이닝 3

Step1 단어 알아보기

Track 06-06

단어	병음	뜻
多久	duō jiǔ	얼마 동안
差	chà	형 부족하다, 모자라다
秘诀	mìjué	명 비결
教	jiāo	동 가르치다
办法	bànfǎ	명 방법

Step2 현지 회화 들어 보기

Track 06-07

상황 3 중국어를 잘하는 친구에게 학습 비법을 물을 때

· 음원을 들으며 빈칸에 알맞은 표현을 써 보세요.

A 汉语要学＿＿＿＿＿＿才能说得像你这么好?

Hànyǔ yào xué ＿＿＿＿＿＿ cái néng shuō de xiàng nǐ zhème hǎo?

B 我也还＿＿＿＿＿＿得远呢。

Wǒ yě hái ＿＿＿＿＿＿ de yuǎn ne.

A 你有什么秘诀吗? 能不能也＿＿＿＿＿＿我啊?

Nǐ yǒu shénme mìjué ma? Néng bu néng yě ＿＿＿＿＿＿ wǒ a?

B 没什么秘诀。最好的＿＿＿＿＿＿就是多听多说。

Méi shénme mìjué. Zuìhǎo de ＿＿＿＿＿＿ jiù shì duō tīng duō shuō.

핵심 표현

比……多了/一点儿

1

比以前好多了。
Bǐ yǐqián hǎo duō le.
예전보다 많이 좋아졌어.

'比……多了/一点儿'은 일반적으로 'A比B+동사/형용사+多了/一点儿'의 구조로 쓰이며, 'A는 B보다 훨씬/조금 ~하다'라는 의미를 나타냅니다.

今天比昨天热多了。
Jīntiān bǐ zuótiān rè duō le.
오늘은 어제보다 훨씬 추워요.

弟弟的个子比哥哥高一点儿。
Dìdi de gèzi bǐ gēge gāo yìdiǎnr.
남동생의 키는 오빠보다 조금 더 커요.

부사 才

2

六点才睡。
Liù diǎn cái shuì.
6시에 겨우 잤어요.

'才'는 '겨우, 그제서야'라는 뜻으로 동사 앞에 위치하여 동작의 시점이 늦음을 나타냅니다.

你怎么现在才来?
Nǐ zěnme xiànzài cái lái?
당신은 왜 이제서야 오는 거예요?

他三十五岁才谈第一次恋爱。
Tā sānshíwǔ suì cái tán dì-yī cì liàn'ài.
그는 35살이 되어서야 겨우 첫 연애를 했어요.

조동사 정반의문문

3

你有什么秘诀吗？能不能也教教我啊？
Nǐ yǒu shénme mìjué ma? Néng bu néng yě jiāojiao wǒ a?
너 무슨 비결 있어? 나도 좀 가르쳐 줄래?

조동사 정반의문문이란 조동사의 긍정형과 부정형을 동시에 써서 묻는 의문문으로 '~인가요, 아닌가요'라는 의미를 나타냅니다.

你会不会潜水？
Nǐ huì bu huì qiánshuǐ?
당신은 잠수할 줄 아나요?

潜水 qiánshuǐ 동 잠수하다

你下次可不可以准时到公司？
Nǐ xià cì kě bu kěyǐ zhǔnshí dào gōngsī?
다음에는 제시간에 회사에 도착할 수 있나요?

准时 zhǔnshí 형 제시간에

多A多B

最好的办法就是多听多说。
Zuìhǎo de bànfǎ jiù shì duō tīng duō shuō.
가장 좋은 방법은 바로 많이 듣고 많이 말하는 거야.

'많다'라는 뜻을 나타내는 '多' 뒤에 동사가 오면 '많이 ~하다'라는 의미를 나타냅니다.

我最近在减肥，多吃蔬菜多运动。
Wǒ zuìjìn zài jiǎnféi, duō chī shūcài duō yùndòng.
나는 요즘 다이어트 중이어서 채소를 많이 먹고 운동을 많이 해요.

职场新人工作的秘诀就是多看多学。
Zhíchǎng xīnrén gōngzuò de mìjué jiù shì duō kàn duō xué.
신입 사원의 업무 비결은 많이 보고 많이 배우는 거예요.

职场新人 zhíchǎng xīnrén 신입 사원

연습 문제

1 녹음을 듣고 해당 단어를 쓰세요. Track 06-08

① ____________ ② ____________

③ ____________ ④ ____________

2 문장을 듣고 내용이 맞으면 V, 틀리면 X를 표시하세요. Track 06-09

① 女的比以前退步了。 ( )

② 女的天天都练习写汉字。 ( )

③ 男的昨天开车了。 ( )

④ 学习汉语最好的办法就是多看书。 ( )

3 녹음을 듣고 올바르게 해석한 문장에는 V, 틀리게 해석한 문장에는 X를 표시하세요. Track 06-10

① 이 한자들 다 네가 쓴 거야? ( )

② 너 왜 지금까지도 안 자는 거야? ( )

③ 중국어를 얼마나 배워야 너처럼 이렇게 잘 할 수 있는 거야? ( )

④ 너 무슨 비밀 있어? ( )

4 녹음을 듣고 알맞은 대답을 고르세요.

Track 06-11

상황 1

1. 女的在干什么?

   A 唱歌　B 买书　C 学习汉语　D 约会

2. 男的觉得女的的汉字写得怎么样?

   A 很有进步　B 不太好　C 马马虎虎　D 写错了

상황 2

3. 男的为什么还在睡觉?

   A 他生病了　B 他熬夜了　C 他今天放假　D 他不上班

4. 女的和男的是什么关系?

   A 妻子和丈夫　B 老师和学生　C 爸爸和女儿　D 妈妈和儿子

상황 3

5. 女的学汉语学了多长时间了?

   A 六个月　B 一年　C 很长时间　D 没提到

6. 女的学习的方法是什么?

   A 交中国朋友　B 看很多书　C 多听多说　D 看中国电视剧

07 你怎么不接我的电话呢?

왜 내 전화를 안 받는 거예요?

학습 목표 이유와 관련된 질문 및 표현을 알 수 있다.

핵심 표현 듣고 따라하기

Track 07-01

1. 手机调振动了。
Shǒujī tiáo zhèndòng le.
휴대 전화를 진동으로 해 놨어.

2. 睡好了，明天考试才有精神。
Shuìhǎo le, míngtiān kǎoshì cái yǒu jīngshen.
잠을 푹 자야 내일 시험 볼 때 기운이 나지.

3. 我的钱包不见了。
Wǒ de qiánbāo bújiàn le.
내 지갑이 안 보여.

실전 듣기 트레이닝 1

Step1 단어 알아보기

Track 07-02

단어	병음	뜻
调	tiáo	동 조절하다, 조정하다
振动	zhèndòng	명 진동 동 진동하다
发	fā	동 (이메일, 문자 등을) 보내다
邮件	yóujiàn	명 이메일, 전자우편
确认	quèrèn	동 확인하다

Step2 현지 회화 들어 보기

Track 07-03

상황 1 연락이 안 되던 친구와 통화 연결이 되었을 때

· 음원을 들으며 빈칸에 알맞은 표현을 써 보세요.

A 你忙吗？怎么不__________我的电话呢？

Nǐ máng ma? Zěnme bù __________ wǒ de diànhuà ne?

B 不好意思，我刚才__________了，

Bù hǎoyìsi, wǒ gāngcái __________ le,

手机调振动了，没听见。有什么事吗？

shǒujī tiáo zhèndòng le, méi tīngjiàn. Yǒu shénme shì ma?

A 我给你__________了，你确认一下吧。

Wǒ gěi nǐ __________ le, nǐ quèrèn yíxià ba.

B 好，我__________就给你打电话。

Hǎo, wǒ __________ jiù gěi nǐ dǎ diànhuà.

실전 듣기 트레이닝 2

Step1 단어 알아보기

Track 07-04

단어	병음	뜻
晚	wǎn	ⓗ 늦은
考试	kǎoshì	ⓜ 시험 ⓓ 시험치다
别	bié	ⓑ ~하지 마라
精神	jīngshen	ⓜ 기운, 활력 ⓗ 활기차다

Step2 현지 회화 들어 보기

Track 07-05

상황 2 늦게까지 시험 공부를 하고 있을 때

· 음원을 들으며 빈칸에 알맞은 표현을 써 보세요.

A 这么晚了，你____________？

Zhème wǎn le, nǐ ____________ ?

B 明天有____________，我得好好儿准备一下。

Míngtiān yǒu ____________ , wǒ děi hǎohāor zhǔnbèi yíxià.

A 那也别太晚了。睡好了，明天考试才____________。

Nà yě bié tài wǎn le. Shuìhǎo le, míngtiān kǎoshì cái ____________ .

B 好好好，你先睡吧，我____________就睡。

Hǎo hǎo hǎo, nǐ xiān shuì ba, wǒ ____________ jiù shuì.

실전 듣기 트레이닝 3

Step1 단어 알아보기

Track 07-06

단어	병음	뜻
钱包	qiánbāo	명 지갑
身份证	shēnfènzhèng	명 신분증
信用卡	xìnyòngkǎ	명 신용 카드
着急	zháojí	형 조급해 하다
回忆	huíyì	동 회상하다, 추억하다

Step2 현지 회화 들어 보기

Track 07-07

상황 3 지갑을 분실했을 때

· 음원을 들으며 빈칸에 알맞은 표현을 써 보세요.

A 你看见我的＿＿＿＿＿＿了吗?
Nǐ kànjiàn wǒ de ＿＿＿＿＿＿ le ma?

B 我没看见，＿＿＿＿＿＿?
Wǒ méi kànjiàn, ＿＿＿＿＿＿ ?

A 我的钱包不见了，
Wǒ de qiánbāo bújiàn le,

身份证和＿＿＿＿＿＿都在里面呢，怎么办?
shēnfènzhèng hé ＿＿＿＿＿＿ dōu zài lǐmiàn ne, zěnme bàn?

B 你先别着急，好好儿＿＿＿＿＿＿一下。最后在哪儿用过它?
Nǐ xiān bié zháojí, hǎohāor ＿＿＿＿＿＿ yíxià. Zuìhòu zài nǎr yòngguo tā?

핵심 표현

명사 刚才

1

我刚才洗澡了，手机调振动了，没听见。
Wǒ gāngcái xǐzǎo le, shǒujī tiáo zhèndòng le, méi tīngjiàn.
나 방금 샤워했어, 휴대 전화를 진동으로 해 놔서, 못 들었어.

'刚才'는 '방금, 막'이라는 뜻으로 방금 발생한 일을 나타낼 때 쓰는 표현입니다.

他刚才来跟我借了一下打火机。
Tā gāngcái lái gēn wǒ jiè le yíxià dǎ huǒjī.
그는 방금 와서 나에게 라이터를 좀 빌렸어요.

火机 huǒjī 명 라이터

你刚才说的话，能再说一遍吗?
Nǐ gāngcái shuō de huà, néng zài shuō yí biàn ma?
당신이 방금 한 말을 다시 한 번 말해 줄 수 있나요?

A了就B

2

我看了就给你打电话。
Wǒ kàn le jiù gěi nǐ dǎ diànhuà.
내가 보고 바로 너에게 전화할게.

'A了就B'는 'A 하자마자 곧 B하다'는 의미로 A 동작과 B 동작 사이의 시간차가 매우 짧을 때 쓰는 표현입니다.

他大学毕业了就结婚。
Tā dàxué bìyè le jiù jiéhūn.
그는 대학을 졸업하자마자 바로 결혼했어요.

小王每周三下了班就去健身。
Xiǎo Wáng měi zhōu sān xià le bān jiù qù jiànshēn.
샤오왕은 매주 수요일 퇴근하자마자 바로 헬스하러 가요.

결과보어 好

3

睡好了，明天考试才有精神。
Shuìhǎo le, míngtiān kǎoshì cái yǒu jīngshen.
잠을 푹 자야 내일 시험 볼 때 기운이 나지.

결과보어 '好'는 동사 뒤에 위치하여 동작의 완성을 나타내거나 마무리가 잘 되었음을 표현할 때 씁니다.

明天的考试，你准备好了吗?
Míngtiān de kǎoshì, nǐ zhǔnbèi hǎo le ma?
내일 시험 준비 잘 했나요?

你的电脑已经修好了。
Nǐ de diànnǎo yǐjīng xiūhǎo le.
당신의 컴퓨터는 이미 수리 다 됐어요.

조사 过

4

最后在哪儿用过它?
Zuìhòu zài nǎr yòngguo tā?
마지막에 지갑 어디에서 썼어?

'过'는 '~한 적이 있다'라는 뜻으로 동사 뒤에 놓여 어떤 동작을 한 경험이 있음을 나타낼 때 쓰는 표현입니다.

他经历过那次事情以后，性格变了很多。
Tā jīnglì guo nà cì shìqing yǐhòu, xìnggé biàn le hěn duō.
그는 그 일을 겪은 후 성격이 많이 변했어요.

经历 jīnglì ⓢ 겪다, 경험하다

这条小吃街上所有的小吃我都吃过。
Zhè tiáo xiǎochī jiē shang suǒyǒu de xiǎochī wǒ dōu chīguo.
이 먹자골목의 모든 간식을 나는 다 먹어 봤어요.

小吃街 xiǎochī jiē 먹자골목

연습 문제

1 녹음을 듣고 해당 단어를 쓰세요. Track 07-08

① ____________________ ② ____________________

③ ____________________ ④ ____________________

2 문장을 듣고 내용이 맞으면 V, 틀리면 X를 표시하세요. Track 07-09

① 女的刚才打电话了。 (　　)

② 男的的电话坏了。 (　　)

③ 女的明天要考试。 (　　)

④ 女的的钱包不见了。 (　　)

3 녹음을 듣고 올바르게 해석한 문장에는 V, 틀리게 해석한 문장에는 X를 표시하세요. Track 07-10

① 왜 내 전화를 안 받는 거야? (　　)

② 내가 너에게 문자 보냈는데, 한 번 확인해 봐. (　　)

③ 잠을 푹 자야 내일 면접 볼 때 기운이 나지. (　　)

④ 우선 조급해 하지 말고, 잘 좀 기억해 봐. (　　)

4 녹음을 듣고 알맞은 대답을 고르세요. Track 07-11

상황 1

1 男的刚才做什么了?

A 工作 B 玩儿手机 C 洗澡 D 看电视

2 女的为什么给男的打电话?

A 给男的发了邮件 B 约男的吃饭 C 有问题问他 D 有急事

상황 2

3 女的现在在做什么?

A 复习考试 B 预习功课 C 备课 D 出考试题

4 男的让女的做什么?

A 好好儿学习 B 别考试 C 去上学 D 快睡觉

상황 3

5 女的为什么着急?

A 她没带钱 B 她的钱包丢了 C 她迷路了 D 她迟到了

6 钱包里有什么?

A 照片 B 信用卡 C 会员卡 D 驾照

08 你的生日是圣诞节前三天嘛!
당신의 생일은 크리스마스 3일 전이잖아요!

학습 목표 날짜나 시간과 관련된 질문 및 표현을 알 수 있다.

핵심 표현 듣고 따라하기

Track 08-01

❶ 你也太有心了吧。
Nǐ yě tài yǒuxīn le ba.
너도 참 세심하구나.

❷ 你的表快了十分钟。
Nǐ de biǎo kuài le shí fēnzhōng.
네 시계가 10분 빠르네.

❸ 得晚点儿走。
Děi wǎn diǎnr zǒu.
늦게 가야 해.

실전 듣기 트레이닝 1

Step1 단어 알아보기

Track 08-02

단어	병음	뜻
圣诞节	Shèngdàn Jié	명 크리스마스
好记	hǎo jì	기억하기 쉽다, 외우기 쉽다
有心	yǒuxīn	형 세심하다, 생각이 깊다

Step2 현지 회화 들어 보기

Track 08-03

상황 1 친구의 생일을 축하할 때

· 음원을 들으며 빈칸에 알맞은 표현을 써 보세요.

A 祝你____________！

Zhù nǐ ____________ !

B 你怎么____________今天是我的生日？

Nǐ zěnme ____________ jīntiān shì wǒ de shēngrì?

A 你的生日是圣诞节____________嘛！很好记。

Nǐ de shēngrì shì Shèngdàn Jié ____________ ma! Hěn hǎo jì.

B 你也太____________了吧，太谢谢你了。

Nǐ yě tài ____________ le ba, tài xièxie nǐ le.

실전 듣기 트레이닝 2

Step1 단어 알아보기

Track 08-04

단어	병음	뜻
紧张	jǐnzhāng	형 긴장하다
分钟	fēnzhōng	분(동안)
差	chà	동 부족하다, 모자라다
快	kuài	형 빠르다

Step2 현지 회화 들어 보기

Track 08-05

상황 2 현재의 시간을 얘기할 때

· 음원을 들으며 빈칸에 알맞은 표현을 써 보세요.

A 怎么还不开始？我好____________。

Zěnme hái bù kāishǐ? Wǒ hǎo ____________.

B 别紧张，还有____________呢。

Bié jǐnzhāng, hái yǒu ____________ ne.

A 是吗？可是现在都____________了。

Shì ma? Kěshì xiànzài dōu ____________ le.

B 你看，现在____________五分九点，你的表____________了十分钟。

Nǐ kàn, xiànzài ____________ wǔ fēn jiǔ diǎn, nǐ de biǎo ____________ le shí fēnzhōng.

실전 듣기 트레이닝 3

Step1 단어 알아보기

Track 08-06

단어	병음	뜻
报告	bàogào	명 보고서
辛苦	xīnkǔ	형 수고하다, 고생하다
会议	huìyì	명 회의
需要	xūyào	동 필요로 하다, 요구되다
帮忙	bāngmáng	동 일(손)을 돕다

Step2 현지 회화 들어 보기

Track 08-07

상황 3 회사에 남아 회의 자료를 준비할 때

· 음원을 들으며 빈칸에 알맞은 표현을 써 보세요.

A 我从＿＿＿＿＿＿开始写报告，到现在才写完。

Wǒ cóng ＿＿＿＿＿＿ kāishǐ xiě bàogào, dào xiànzài cái xiěwán.

B ＿＿＿＿＿＿。现在五点半了，马上就能下班了。

＿＿＿＿＿＿. Xiànzài wǔ diǎn bàn le, mǎshàng jiù néng xiàbān le.

A 我还得准备明天的＿＿＿＿＿＿，得晚点儿走。

Wǒ hái děi zhǔnbèi míngtiān de ＿＿＿＿＿＿, děi wǎn diǎnr zǒu.

B 需要我＿＿＿＿＿＿吗?

Xūyào wǒ ＿＿＿＿＿＿ ma?

핵심 표현

축하 의미의 祝

祝你生日快乐！
Zhù nǐ shēngrì kuàilè!
생일 축하해!

'祝'는 '축하하다, 기원하다'라는 뜻으로 '祝+대상+축하/기원하는 내용' 구조로 쓰입니다.

祝你一路顺风！
Zhù nǐ yílù shùnfēng!
가시는 길이 순조롭길 바랍니다!

祝你们新婚快乐，白头偕老！
Zhù nǐmen xīnhūn kuàilè, báitóu xiélǎo!
결혼 축하드립니다. 백년해로하길 바랍니다!

> 白头偕老 báitóu xiélǎo
> ㊊ 백년해로하다

快/慢+시간

你的表快了十分钟。
Nǐ de biǎo kuài le shí fēnzhōng.
네 시계가 10분 빠르네.

'快/慢' 뒤에 시간이 제시되면 '~ 시간만큼 빠르다/느리다'라는 뜻을 나타냅니다.

韩国的时间比中国的时间快一个小时。
Hánguó de shíjiān bǐ Zhōngguó de shíjiān kuài yí ge xiǎoshí.
한국의 시간은 중국의 시간보다 1시간 빨라요.

他家的钟慢了十五分钟。
Tā jiā de zhōng màn le shíwǔ fēnzhōng.
그 집의 시계가 15분 느려요.

马上就

3

马上就能下班了。
Mǎshàng jiù néng xiàbān le.
곧 퇴근할 수 있겠다.

'马上就'는 '곧 ~할 것이다'라는 뜻으로 짧은 시간 안에 어떠한 일이 발생하려고 할 때 쓰는 표현입니다.

您的菜马上就好，请再等十分钟。
Nín de cài mǎshàng jiù hǎo, qǐng zài děng shí fēnzhōng.
요리가 곧 다 되니, 10분만 더 기다리세요.

学生们马上就毕业了，真舍不得他们。
Xuéshēngmen mǎshàng jiù bìyè le, zhēn shěbude tāmen.
학생들이 곧 졸업을 하니 정말 아쉬워요.

舍不得 shěbude 동 (헤어지기) 아쉽다, 섭섭하다

晚点儿/早点儿+동사

4

我还得准备明天的会议，得晚点儿走。
Wǒ hái děi zhǔnbèi míngtiān de huìyì, děi wǎn diǎnr zǒu.
나는 또 내일 회의를 준비해야 해서, 늦게 가야 해.

'晚点儿/早点儿' 뒤에 동사가 제시되면 '어떠한 동작이 늦다/이르다'라는 뜻을 나타냅니다.

你再稍微晚点儿来，就看不见他了。
Nǐ zài shāowēi wǎn diǎnr lái, jiù kàn bu jiàn tā le.
당신이 조금만 더 늦게 오면 그를 볼 수 없을 거예요.

稍微 shāowēi 부 조금, 약간

我要是能早点儿出生，说不定能成功呢。
Wǒ yàoshi néng zǎo diǎnr chūshēng, shuōbudìng néng chénggōng ne.
내가 만약 일찍 태어났더라면 아마 성공할 수 있었을 거예요.

说不定 shuōbudìng 아마 ~일 것이다

연습 문제

1 녹음을 듣고 해당 단어를 쓰세요. Track 08-08

① ____________________ ② ____________________

③ ____________________ ④ ____________________

2 문장을 듣고 내용이 맞으면 V, 틀리면 X를 표시하세요. Track 08-09

① 今天是女的的生日。 ( )

② 对方的生日是圣诞节当天。 ( )

③ 男的下午一直在开会。 ( )

④ 他们五点下班。 ( )

3 녹음을 듣고 올바르게 해석한 문장에는 V, 틀리게 해석한 문장에는 X를 표시하세요. Track 08-10

① 너도 참 세심하구나. ( )

② 네 시계가 10분 느리네. ( )

③ 지금 5시 반이니, 곧 쉴 수 있겠다. ( )

④ 나는 또 내일 회의 준비를 해야 해서, 늦게 가야 해. ( )

4 녹음을 듣고 알맞은 대답을 고르세요.

Track 08-11

상황 1

1 今天是几月几号?

A 12月22号　B 12月23号　C 12月25号　D 12月28号

2 女的说的“太有心了”是什么意思?

A 很细心　B 很马虎　C 很高兴　D 很帅气

상황 2

3 女的现在心情怎么样?

A 不开心　B 很紧张　C 很生气　D 有点儿灰心

4 女的为什么看错时间?

A 她没有表　B 她视力不好　C 她听错了　D 她的表快了十分钟

상황 3

5 他写报告写了几个小时?

A 半个小时　B 一个小时　C 四个半小时　D 五个半小时

6 男的明天要做什么?

A 做报告　B 开会　C 表演　D 唱歌

09 我想考HSK四级，要学多长时间?

저 HSK 4급 시험을 보고 싶은데, 얼마나 공부해야 해요?

학습 목표 기간과 관련된 질문 및 표현을 알 수 있다.

핵심 표현 듣고 따라하기

Track 09-01

1. 二十四张就够了。
   Èrshísì zhāng jiù gòu le.
   24장이면 충분해요.

2. 挥泪大甩卖！全场一折！
   Huī lèi dà shuǎimài! Quán chǎng yì zhé!
   눈물의 바겐세일! 전품목 90% 할인!

3. 你过三级了，是吧?
   Nǐ guò sān jí le, shì ba?
   너 3급 통과했지, 그렇지?

실전 듣기 트레이닝 1

Step1 단어 알아보기

Track 09-02

단어	병음	뜻
男生	nánshēng	명 남학생
女生	nǚshēng	명 여학생
正好	zhènghǎo	부 딱, 마침
试卷	shìjuàn	명 시험지
发	fā	동 나눠주다, 보내다
够	gòu	동 충분하다

Step2 현지 회화 들어 보기

Track 09-03

상황 1 인원수를 물어볼 때

· 음원을 들으며 빈칸에 알맞은 표현을 써 보세요.

A 你们__________有多少学生?

Nǐmen __________ yǒu duōshao xuésheng?

B 我们班__________十三个，__________十二个，一共二十五个人。

Wǒmen bān __________ shísān ge, __________ shí'èr ge, yígòng èrshíwǔ ge rén.

A __________二十五张试卷，你给大家__________一下吧。

__________ èrshíwǔ zhāng shìjuàn, nǐ gěi dàjiā __________ yíxià ba.

B 老师，今天有一个没来，二十四张就__________。

Lǎoshī, jīntiān yǒu yí ge méi lái, èrshísì zhāng jiù __________ .

실전 듣기 트레이닝 2

Step1 단어 알아보기

Track 09-04

단어	병음	뜻
挥泪	huī lèi	눈물을 흘리다
甩卖	shuǎimài	ⓓ 재고정리하다, 바겐세일하다
全场	quán chǎng	전 매장
件	jiàn	ⓔ 벌(옷을 세는 단위)
T恤	T xù	티셔츠

Step2 현지 회화 들어 보기

Track 09-05

상황 2 할인 행사하는 옷을 구입할 때

· 음원을 들으며 빈칸에 알맞은 표현을 써 보세요.

Ⓐ 挥泪大＿＿＿＿＿＿！＿＿＿＿＿＿！大家快来看看啊！

Huī lèi dà ＿＿＿＿＿＿ ! ＿＿＿＿＿＿ ! Dàjiā kuài lái kànkan a!

Ⓑ 这＿＿＿＿＿＿T恤怎么卖?

Zhè ＿＿＿＿＿＿ T xù zěnme mài?

Ⓐ 您好，＿＿＿＿＿＿给您两件。

Nín hǎo, ＿＿＿＿＿＿ gěi nín liǎng jiàn.

Ⓑ 这也太＿＿＿＿＿＿了！给我来两件。

Zhè yě tài ＿＿＿＿＿＿ le! Gěi wǒ lái liǎng jiàn.

실전 듣기 트레이닝 3

Step1 단어 알아보기

Track 09-06

단어	병음	뜻
考	kǎo	동 시험 보다
过	guò	동 (시험 등을) 통과하다, 합격하다
听力	tīnglì	명 듣기
阅读	yuèdú	명 독해
书写	shūxiě	명 쓰기
分数	fēnshù	명 점수

Step2 현지 회화 들어 보기

Track 09-07

상황 3 자격증 시험 준비 기간을 물어볼 때

· 음원을 들으며 빈칸에 알맞은 표현을 써 보세요.

A 老师，我想＿＿＿＿＿＿HSK四级，要学多长时间?

Lǎoshī, wǒ xiǎng ＿＿＿＿＿＿ HSK sì jí, yào xué duō cháng shíjiān?

B 你＿＿＿＿＿＿三级了，是吧? 那三级多少分?

Nǐ ＿＿＿＿＿＿ sān jí le, shì ba? Nà sān jí duōshao fēn?

A ＿＿＿＿九十二，＿＿＿＿九十三，＿＿＿＿八十，一共二百六十五分。

＿＿＿＿ jiǔshí'èr, ＿＿＿＿ jiǔshísān, ＿＿＿＿ bāshí, yígòng èrbǎi liùshíwǔ fēn.

B 哇，分数还不错，那准备四级，＿＿＿＿＿＿就够了吧。

Wā, fēnshù hái búcuò, nà zhǔnbèi sì jí, ＿＿＿＿＿＿ jiù gòu le ba.

핵심 표현

부사 正好

1

正好二十五张试卷，你给大家发一下吧。
Zhènghǎo èrshíwǔ zhāng shìjuàn, nǐ gěi dàjiā fā yíxià ba.
시험지가 딱 25장이네. 네가 모두에게 좀 나누어 주렴.

부사 '正好'는 '딱, 마침'이라는 뜻으로 시간, 위치, 정도 등이 딱 맞을 때 쓰는 표현입니다.

这辆车正好能坐五十个人。
Zhè liàng chē zhènghǎo néng zuò wǔshí ge rén.
이 차는 딱 50명 탈 수 있어요.

你来了！我正好要找你呢。
Nǐ lái le! Wǒ zhènghǎo yào zhǎo nǐ ne.
당신 왔군요! 마침 당신을 찾으려던 참이었어요.

동사 来

2

给我来两件。
Gěi wǒ lái liǎng jiàn.
두 벌 주세요.

동사 '来'가 물건이나 사물의 앞에 오는 경우에는 어떤 동작을 하려고 하는 적극성이나 상대방에게 어떤 행동을 하게 하는 어감을 나타냅니다. 이때는 '~을(를) 주문하다', '~을(를) 가져다주다'라는 의미를 나타냅니다.

给我们来二十串羊肉串。
Gěi wǒmen lái èrshí chuàn yáng ròu chuàn.
양꼬치 20개 주세요.

给他来一瓶冰镇的啤酒。
Gěi tā lái yì píng bīngzhèn de píjiǔ.
차갑게 얼린 맥주 한 병 주세요.

冰镇 bīngzhèn ⑧ 얼음으로 차게 하다

조동사 想

3

我想考HSK四级。
Wǒ xiǎng kǎo HSK sì jí.
저 HSK 4급 시험 보고 싶은데요.

'想'은 조동사로 쓰일 경우 동사 앞에 위치하여 '~하고 싶다'라는 뜻을 나타내며, 바람이나 소망을 나타내는 말을 할 때 사용합니다.

他想明年去加拿大留学。
Tā xiǎng míngnián qù Jiānádà liúxué.
그는 내년에 캐나다로 유학을 가고 싶어해요.

加拿大 Jiānádà 고유 캐나다

妈妈想买一个新电饭锅。
Māma xiǎng mǎi yí ge xīn diànfànguō.
엄마는 새 전기밥솥을 구입하고 싶어하셔.

电饭锅 diànfànguō 명 전기밥솥

还+형용사/동사

分数还不错，那准备四级，两三个月就够了吧。
Fēnshù hái búcuò, Nà zhǔnbèi sì jí, liǎng sān ge yuè jiù gòu le ba.
점수가 꽤 괜찮네, 그럼 4급 준비하는데 2, 3개월이면 충분할 거야.

부사 '还'는 '꽤, 비교적, 그런대로'라는 뜻으로 그런대로 만족스럽거나 괜찮은 정도를 나타낼 때 쓰는 표현입니다.

她的房间还挺干净。
Tā de fángjiān hái tǐng gānjìng.
그녀의 방은 그런대로 깨끗해요.

刚才他讲得还挺好的。
Gāngcái tā jiǎng de hái tǐng hǎo de.
방금 그의 설명은 그런대로 괜찮았어요.

연습 문제

1 녹음을 듣고 해당 단어를 쓰세요. Track 09-08

① ______________ ② ______________

③ ______________ ④ ______________

2 문장을 듣고 내용이 맞으면 V, 틀리면 X를 표시하세요. Track 09-09

① 男的的班有二十五个男生。 (　　)

② 今天有一个学生没来。 (　　)

③ 这家店在打折。 (　　)

④ 分数很低。 (　　)

3 녹음을 듣고 올바르게 해석한 문장에는 V, 틀리게 해석한 문장에는 X를 표시하세요. Track 09-10

① 딱 시험지가 25장이네. (　　)

② 안녕하세요, 10위안에 두 벌 드릴게요. (　　)

③ 저 HSK 4급 시험을 보고 싶은데, 얼마나 공부해야 해요? (　　)

④ 4급 준비하는데 3, 4개월이면 충분할 거야. (　　)

4 녹음을 듣고 알맞은 대답을 고르세요.

Track 09-11

상황 1

1 女的的工作可能是什么?

A 老师 B 警察 C 司机 D 秘书

2 男的的班今天有几个学生?

A 十二个 B 十三个 C 二十四个 D 二十五个

상황 2

3 这件T恤多少钱?

A 五块钱 B 十块钱 C 二十块钱 D 五十块钱

4 女的觉得T恤怎么样?

A 质量不好 B 样子不好看 C 很便宜 D 有点儿大

상황 3

5 女的想要做什么?

A 考四级 B 问老师问题 C 去中国留学 D 买三级书

6 女的三级分数怎么样?

A 不太好 B 是满分 C 还不错 D 没及格

10 我哪儿有时间看电影!
제가 영화 볼 시간이 어디 있어요!

학습 목표 상황이나 여건을 나타내는 질문 및 표현을 알 수 있다.

핵심 표현 듣고 따라하기

Track 10-01

1 坐公交车得一个多小时。
Zuò gōngjiāochē děi yí ge duō xiǎoshí.
버스 타면 한 시간 넘게 걸려.

2 我都要崩溃了。
Wǒ dōu yào bēngkuì le.
나 멘탈이 나갈 것 같아.

3 听说那儿现在搞活动呢。
Tīngshuō nàr xiànzài gǎo huódòng ne.
듣자 하니 거기 지금 행사하고 있대.

실전 듣기 트레이닝 1

Step1 단어 알아보기

Track 10-02

단어	병음	뜻
从……到……	cóng……dào……	~에서 ~까지
商场	shāngchǎng	명 쇼핑몰
堵车	dǔchē	동 차가 막히다
得	děi	조동 (시간이) 걸리다, (돈이) 필요하다

Step2 현지 회화 들어 보기

Track 10-03

상황 1 어떤 교통수단을 이용할 지 상의할 때

· 음원을 들으며 빈칸에 알맞은 표현을 써 보세요.

A 从这儿到＿＿＿＿＿＿远吗?

Cóng zhèr dào ＿＿＿＿＿＿ yuǎn ma?

B 嗯，＿＿＿＿＿＿远。

Èng, ＿＿＿＿＿＿ yuǎn.

A 那咱们怎么去? 坐＿＿＿＿＿＿去还是坐地铁去?

Nà zánmen zěnme qù? Zuò ＿＿＿＿＿＿ qù háishi zuò dìtiě qù?

B 现在正是＿＿＿＿＿＿的时间，坐公交车得一个多小时。

Xiànzài zhèng shì ＿＿＿＿＿＿ de shíjiān, zuò gōngjiāochē děi yí ge duō xiǎoshí.

我们坐地铁去吧。

Wǒmen zuò dìtiě qù ba.

실전 듣기 트레이닝 2

Step1 단어 알아보기

Track 10-04

단어	병음	뜻
听说	tīngshuō	⑤ 듣자 하니
忙	máng	⑤ ~하기에 바쁘다, 서둘러 ~하다
论文	lùnwén	⑱ 논문
快要……了	kuàiyào……le	곧 ~하려고 하다
教授	jiàoshòu	⑱ 교수
重新	chóngxīn	⑮ 다시
崩溃	bēngkuì	⑤ 멘탈이 나가다, 멘탈이 무너지다

Step2 현지 회화 들어 보기

Track 10-05

상황 2 바쁜데 친구가 영화 보자고 할 때

· 음원을 들으며 빈칸에 알맞은 표현을 써 보세요.

A ______________这部电影很好看，咱们今天晚上就去看吧。

______________ zhè bù diànyǐng hěn hǎokàn, zánmen jīntiān wǎnshang jiù qù kàn ba.

B 我______________有时间看电影，正忙着写______________呢。

Wǒ ______________ yǒu shíjiān kàn diànyǐng, zhèng mángzhe xiě ______________ ne.

A 你不是说______________写完了吗？

Nǐ bú shì shuō ______________ xiěwán le ma?

B 哪儿啊，教授让我______________写。我都要______________了。

Nǎr a, jiàoshòu ràng wǒ ______________ xiě. Wǒ dōu yào ______________ le.

실전 듣기 트레이닝 3

Step1 단어 알아보기

Track 10-06

단어	병음	뜻
开	kāi	동 (사업, 가게 등을) 열다, 개업하다
火锅	huǒguō	명 훠궈, 중국식 샤브샤브
搞	gǎo	동 하다, 꾸미다
活动	huódòng	명 행사, 활동, 이벤트
要不	yàobù	접 그렇지 않으면

Step2 현지 회화 들어 보기

Track 10-07

상황 3 새로 개업한 음식점에 가 보기로 약속할 때

· 음원을 들으며 빈칸에 알맞은 표현을 써 보세요.

A 公司__________新开了一家__________，你知道吗?

Gōngsī __________ xīn kāi le yì jiā __________ , nǐ zhīdao ma?

B 我__________上班的时候看到了，还挺大呢。

Wǒ __________ shàngbān de shíhou kàndào le, hái tǐng dà ne.

A 听说那儿现在，__________呢，咱们也去看看吧。

Tīngshuō nàr xiànzài, __________ ne, zánmen yě qù kànkan ba.

B 好啊，__________我们今天下班就去?

Hǎo a, __________ wǒmen jīntiān xiàbān jiù qù?

핵심 표현

조동사 得

1

坐公交车得一个多小时。
Zuò gōngjiāochē děi yí ge duō xiǎoshí.
버스 타면 한 시간 넘게 걸려.

'得'는 '得+시간/금액'의 형태로 쓰여 '~만큼의 시간이 소요되다' 혹은 '~만큼의 금액이 소비되다'라는 의미를 나타냅니다.

我们到你那儿得半个小时吧。
Wǒmen dào nǐ nàr děi bàn ge xiǎoshí ba.
우리가 당신에게 가는데 30분은 걸려요.

这是限量版，得1000多块钱。
Zhè shì xiànliàng bǎn, děi yìqiān duō kuài qián.
이것은 한정판이라 1000위안 이상 필요해요.

限量版 xiànliàng bǎn 한정판

忙着+동사

2

我哪儿有时间看电影，正忙着写论文呢。
Wǒ nǎr yǒu shíjiān kàn diànyǐng, zhèng mángzhe xiě lùnwén ne.
내가 영화 볼 시간이 어디 있니, 논문 쓰느라 바쁘다고.

'忙着'는 '~하느라 바쁘다'라는 뜻으로 뒤에 동사가 제시되어 어떠한 상태가 계속 지속되어 바쁨을 나타낼 때 쓰는 표현입니다.

他这几天正忙着给女儿办周岁宴呢。
Tā zhè jǐ tiān zhèng mángzhe gěi nǚ'ér bàn zhōusuì yàn ne.
그는 요새 딸의 돌잔치를 준비하느라 바빠요.

周岁宴 zhōusuì yàn 돌잔치

妈妈最近忙着照顾生病的奶奶。
Māma zuìjìn mángzhe zhàogù shēngbìng de nǎinai.
엄마는 요즘 편찮으신 할머니를 돌보느라 바쁘셔.

겸어문 让

3

教授让我重新写，我都要崩溃了。
Jiàoshòu ràng wǒ chóngxīn xiě, wǒ dōu yào bēngkuì le.
교수님이 다시 쓰라고 하셨어, 나 멘탈이 나갈 것 같아.

겸어문 '让'은 '주어[1]+让(동사[1])+목적어[1]/주어[2]+동사[2]+목적어[2]'의 형태로 쓰여 '~이 ~로 하여금 ~하게 하다'라는 뜻을 나타냅니다.

我妈让我别太早谈恋爱。
Wǒ mā ràng wǒ bié tài zǎo tán liàn'ài.
우리 엄마가 나에게 너무 일찍 연애하지 말라고 하셨어.

药店的药剂师让我拿处方来。
Yàodiàn de yàojì shī ràng wǒ ná chùfāng lái.
약국의 약사가 나에게 처방전을 가져오라고 했어요.

药剂师 yàojì shī 약사
处方 chùfāng 명 처방전

要不

4

要不我们今天下班就去?
Yàobù wǒmen jīntiān xiàbān jiù qù?
아니면 우리 오늘 퇴근하고 갈까?

'要不'는 '아니면, 그렇지 않으면'이라는 뜻으로 새로운 의견을 제시할 때 쓰는 표현입니다.

要不你再考虑考虑他的建议?
Yàobù nǐ zài kǎolǜ kǎolǜ tā de jiànyì?
아니면 다시 그의 의견을 고려해 볼까요?

考虑 kǎolǜ 동 고려하다

要不你再等几天? 反正你也不着急。
Yàobù nǐ zài děng jǐ tiān? Fǎnzhèng nǐ yě bù zháojí.
아니면 며칠만 더 기다리겠어요? 어쨌든 당신도 조급해하지 마세요.

反正 fǎnzhèng 부 어쨌든

연습 문제

1 녹음을 듣고 해당 단어를 쓰세요. Track 10-08

① ____________________ ② ____________________

③ ____________________ ④ ____________________

2 문장을 듣고 내용이 맞으면 V, 틀리면 X를 표시하세요. Track 10-09

① 他们要去坐地铁。 (　　)

② 女的看了一部电影。 (　　)

③ 男的正在写论文。 (　　)

④ 公司对面新开了一家咖啡厅。 (　　)

3 녹음을 듣고 올바르게 해석한 문장에는 V, 틀리게 해석한 문장에는 X를 표시하세요. Track 10-10

① 여기에서 쇼핑몰이 멀어? (　　)

② 지금 딱 차 막히는 시간이라, 버스 타면 두 시간 넘게 걸려. (　　)

③ 듣자 하니 이 영화 재미있데, 우리 오늘 저녁에 가서 보자. (　　)

④ 아니면 우리 내일 퇴근하고 갈까? (　　)

4 녹음을 듣고 알맞은 대답을 고르세요.

Track 10-11

상황 1

1. 他们要去哪儿?

A 学校　B 博物馆　C 理发店　D 商场

2. 坐公交车到商场需要多长时间?

A 十分钟　B 三十分钟　C 一个多小时　D 两个多小时

상황 2

3. 女的想要做什么?

A 买衣服　B 看电影　C 约会　D 写论文

4. 男的为什么不能和她一起去?

A 他最近很忙　B 他要睡觉　C 他和别的朋友有约　D 他正在开车

상황 3

5. 公司对面有什么?

A 书店　B 鞋店　C 酒店　D 火锅店

6. 女的想什么时候去那里?

A 下班后　B 下课后　C 放假时　D 旅行时

11 天有点儿阴了，好像要下雨了。

날씨가 좀 흐리네요, 곧 비가 올 것 같아요.

학습 목표 날씨와 관련된 질문 및 표현을 알 수 있다.

핵심 표현 듣고 따라하기

Track 11-01

❶ 这下完了。
Zhè xià wán le.
큰일났네.

❷ 整个世界都白了。
Zhěnggè shìjiè dōu bái le.
온 세상이 다 하얘졌네.

❸ 今天沙尘暴好严重。
Jīntiān shāchénbào hǎo yánzhòng.
오늘 황사가 너무 심하다.

실전 듣기 트레이닝 1

Step1 단어 알아보기

Track 11-02

단어	병음	뜻
阴	yīn	형 흐리다
天气预报	tiānqì yùbào	일기예보
出门	chūmén	동 외출하다, 집을 떠나 멀리 가다
这下	zhè xià	이번, 금번
完了	wán le	끝났다, 망하다, 끝장났다
把	bǎ	양 자루가 있는 기구를 세는 단위
备用	bèiyòng	동 예비용으로 하다
还	huán	동 돌려주다

Step2 현지 회화 들어 보기

Track 11-03

상황 1 우산을 안 챙겨 나왔을 때

· 음원을 들으며 빈칸에 알맞은 표현을 써 보세요.

A 天有点儿__________了，好像要下雨了。
Tiān yǒudiǎnr __________ le, hǎoxiàng yào xià yǔ le.

B 天气预报说，今天下午__________。
Tiānqì yùbào shuō, jīntiān xiàwǔ __________ .

A 我__________忘带伞了，这下完了。
Wǒ __________ wàng dài sǎn le, zhè xià wán le.

B 我这儿有一把备用的，__________你吧，下次__________我就行。
Wǒ zhèr yǒu yì bǎ bèiyòng de, __________ nǐ ba, xià cì __________ wǒ jiù xíng.

실전 듣기 트레이닝 2

Step1 단어 알아보기

Track 11-04

단어	병음	뜻
整个	zhěnggè	형 온통의, 전부의, 모두의
世界	shìjiè	명 세상
拍照	pāizhào	동 사진을 찍다
留	liú	동 남기다
纪念	jìniàn	명 기념
戴	dài	동 쓰다, 착용하다
帽子	màozi	명 모자

Step2 현지 회화 들어 보기

Track 11-05

상황 2 밖에 눈이 내리는 것을 봤을 때

· 음원을 들으며 빈칸에 알맞은 표현을 써 보세요.

A 妈，你看，外边______________！

Mā, nǐ kàn, wàibian ______________ !

B 是啊，______________世界都白了，真漂亮。

Shì a, ______________ shìjiè dōu bái le, zhēn piàoliang.

A 我们出去______________吧，留个纪念！

Wǒmen chūqu ______________ ba, liú ge jìniàn!

B 好的，可是外边太冷了，戴上______________再出去吧。

Hǎo de, kěshì wàibian tài lěng le, dài shang ______________ zài chūqu ba.

실전 듣기 트레이닝 3

Step1 단어 알아보기

Track 11-06

단어	병음	뜻
沙尘暴	shāchénbào	명 황사
严重	yánzhòng	형 심하다
敢	gǎn	조동 감히 ~하다
开车	kāichē	동 운전하다, 차를 몰다
停	tíng	동 그치다, 멈추다
大概	dàgài	부 대략

Step2 현지 회화 들어 보기

Track 11-07

상황 3 밖에 황사가 엄청 심할 때

· 음원을 들으며 빈칸에 알맞은 표현을 써 보세요.

A 今天＿＿＿＿＿＿好严重，都看不见人了。

Jīntiān ＿＿＿＿＿＿ hǎo yánzhòng, dōu kàn bu jiàn rén le.

B 是啊，我都没＿＿＿＿＿＿开车来。

Shì a, wǒ dōu méi ＿＿＿＿＿＿ kāichē lái.

A 这次沙尘暴什么时候能＿＿＿＿＿＿？

Zhè cì shāchénbào shénme shíhou néng ＿＿＿＿＿＿ ?

B ＿＿＿＿＿＿一个星期吧。

＿＿＿＿＿＿ yí ge xīngqī ba.

핵심 표현

要……了

1

好像要下雨了。
Hǎoxiàng yào xià yǔ le.
곧 비가 올 것 같아.

'要……了'는 '곧 ~할 것이다'라는 뜻으로 곧 일어날 일을 추측할 때 쓰는 표현입니다.

听说你姐姐要生宝宝了，是吗?
Tīngshuō nǐ jiějie yào shēng bǎobao le, shì ma?
당신의 언니(누나)가 곧 아기를 낳는다고 들었어요, 진짜예요?

女儿要下课了，你去接她吧。
Nǚ'ér yào xiàkè le, nǐ qù jiē tā ba.
딸이 곧 수업이 끝나요, 당신이 그녀를 데리러 가요.

接 jiē 동 맞이하다, 마중하다

인칭대명사+这儿/那儿

2

我这儿有一把备用的，借你吧，下次还我就行。
Wǒ zhèr yǒu yì bǎ bèiyòng de, jiè nǐ ba, xià cì huán wǒ jiù xíng.
나한테 예비용이 하나 있으니, 빌려줄게, 다음에 돌려주면 돼.

인칭대명사 뒤에 지시대명사 '这儿/那儿'이 쓰이면 '(누구)한테 (물건)이 있다', 혹은 그 사람이 있는 장소, 공간을 가리킵니다.

我这儿现在车特别堵。
Wǒ zhèr xiànzài chē tèbié dǔ.
내가 있는 이곳은 지금 차가 엄청 막혀요.

妈，我的身份证在你那儿吗?
Mā, wǒ de shēnfènzhèng zài nǐ nàr ma?
엄마, 내 신분증은 엄마한테 있어요?

身份证 shēnfènzhèng 명 신분증

好+형용사

3

今天沙尘暴好严重，都看不见人了。
Jīntiān shāchénbào hǎo yánzhòng, dōu kàn bu jiàn rén le.
오늘 황사가 너무 심해서, 사람이 다 안 보여.

'好'는 부사적 용법으로 쓰였을 때 '굉장히'라는 뜻을 가지며 뒤에 형용사를 동반하여 정도의 심함을 나타냅니다.

这部车开起来好舒服。
Zhè bù chē kāi qǐlai hǎo shūfu.
이 차의 승차감이 아주 좋아요.

我的脚崴了，好疼啊。
Wǒ de jiǎo wǎi le, hǎo téng a.
내 발이 삐었어요. 굉장히 아파요.

崴 wǎi ⑧ (발이) 삐다

조동사 敢

4

我都没敢开车来。
Wǒ dōu méi gǎn kāichē lái.
나는 차 몰고 올 엄두도 나지 않더라.

조동사 '敢'은 '감히 ~하다, ~할 용기가 있다'라는 의미이며, 부정부사 '没'가 앞에 올 경우에는 '감히 ~할 수 없었다'라는 부정의 의미를 나타냅니다.

我还没敢告诉他这件事。
Wǒ hái méi gǎn gàosu tā zhè jiàn shì.
나는 아직 그에게 이 일을 말할 엄두가 나지 않아요.

弟弟没敢把成绩单给妈妈看。
Dìdi méi gǎn bǎ chéngjì dān gěi māma kàn.
남동생은 엄마에게 성적표를 보여 드릴 수 없었어요.

成绩单 chéngjì dān 성적표

연습 문제

1 녹음을 듣고 해당 단어를 쓰세요. Track 11-08

① ________________ ② ________________

③ ________________ ④ ________________

2 문장을 듣고 내용이 맞으면 V, 틀리면 X를 표시하세요. Track 11-09

① 现在天阴了。 (　　)

② 女的带伞了。 (　　)

③ 外边正在下雨。 (　　)

④ 男的要去开车。 (　　)

3 녹음을 듣고 올바르게 해석한 문장에는 V, 틀리게 해석한 문장에는 X를 표시하세요. Track 11-10

① 일기예보에서 오늘 오후에 눈이 온다고 했어. (　　)

② 우리 나가서 사진 찍어요, 기념으로 남겨요! (　　)

③ 그런데 밖이 너무 추우니, 목도리하고 나가자. (　　)

④ 오늘 황사가 너무 심해서, 사람이 다 안 보여. (　　)

4 녹음을 듣고 알맞은 대답을 고르세요.

Track 11-11

상황 1

1 天气预报说什么?

A 上午下雪 B 上午刮风 C 下午下雨 D 下午晴天

2 男的可能要做什么?

A 借给女的伞 B 去买伞 C 和女的一起走 D 还女的伞

상황 2

3 现在天气怎么样?

A 下雨 B 下雪 C 暖和 D 凉快

4 女的建议男的怎么做?

A 穿羽绒服 B 穿上鞋 C 戴上帽子 D 戴上手套

상황 3

5 男的今天为什么没开车?

A 下大雨 B 他没有车 C 车坏了 D 沙尘暴很严重

6 沙尘暴要持续多久?

A 两天 B 三天 C 五天 D 七天

12 他都初二了。

그는 벌써 중학교 2학년이에요.

학습 목표 학교와 관련된 질문 및 표현을 알 수 있다.

핵심 표현 듣고 따라하기

Track 12-01

❶ 什么时候交?
Shénme shíhou jiāo?
언제 제출해요?

❷ 他都初二了。
Tā dōu chū èr le.
걔는 벌써 중학교 2학년이야.

❸ 我可能准备考研。
Wǒ kěnéng zhǔnbèi kǎoyán.
나는 아마 대학원 시험을 준비할 것 같아.

실전 듣기 트레이닝 1

Step1 단어 알아보기

Track 12-02

단어	병음	뜻
黑板	hēibǎn	㊔ 칠판
选	xuǎn	㊗ 고르다
道	dào	㊣ 문제를 세는 단위
交	jiāo	㊗ 내다, 제출하다
课代表	kè dàibiǎo	과 대표
收	shōu	㊗ 거두다, 받다

Step2 현지 회화 들어 보기

Track 12-03

상황 1 선생님께서 숙제를 내 주실 때

· 음원을 들으며 빈칸에 알맞은 표현을 써 보세요.

A 老师，____________上写的那些____________都是作业吗?

Lǎoshī, ________ shang xiě de nàxiē ________ dōu shì zuòyè ma?

B 选____________做就行了。

Xuǎn ________ zuò jiù xíng le.

A 什么时候____________?

Shénme shíhou ________ ?

B ____________课代表收一下。好，下课吧。

________ kè dàibiǎo shōu yíxià. Hǎo, xiàkè ba.

실전 듣기 트레이닝 2

Step1 단어 알아보기

Track 12-04

단어	병음	뜻
小学	xiǎoxué	⑲ 초등학교
初二	chū èr	중학교 2학년의 줄임말
可不是	kěbúshi	그러게 말이야, 그렇고 말고요
长	zhǎng	⑧ 자라다

Step2 현지 회화 들어 보기

Track 12-05

상황 2 훌쩍 자란 친구 자녀를 봤을 때

· 음원을 들으며 빈칸에 알맞은 표현을 써 보세요.

A 听说你家孩子今年上__________了?

Tīngshuō nǐ jiā háizi jīnnián shàng __________ le?

B 不，他都__________了。

Bù, tā dōu __________ le.

A 你儿子都__________吗?

Nǐ érzi dōu __________ ma?

B __________，我也觉得他__________得太快了。

__________ , wǒ yě juéde tā __________ de tài kuài le.

실전 듣기 트레이닝 3

Step1 단어 알아보기

Track 12-06

단어	병음	뜻
毕业	bìyè	동 졸업하다
打算	dǎsuan	명 계획 동 계획하다
考研	kǎoyán	동 대학원에 응시하다
继续	jìxù	동 계속하다

Step2 현지 회화 들어 보기

Track 12-07

상황 3 친구에게 졸업 후의 계획을 물을 때

· 음원을 들으며 빈칸에 알맞은 표현을 써 보세요.

A 没想到这么快就要__________了。

Méi xiǎngdào zhème kuài jiù yào __________ le.

B 是啊，时间过得真快。__________后你有什么__________？

Shì a, shíjiān guò de zhēn kuài. __________ hòu nǐ yǒu shénme __________ ?

A 我可能准备__________。

Wǒ kěnéng zhǔnbèi __________ .

B 我可不想__________学习了，我想找工作。

Wǒ kě bù xiǎng __________ xuéxí le, wǒ xiǎng zhǎo gōngzuò.

핵심 표현

……就行了

1

选一道做就行了。
Xuǎn yí dào zuò jiù xíng le.
한 문제만 골라서 하면 돼.

'……就行了'는 '~하면 된다'라는 의미로 상대방에게 본인의 의견을 말하거나 조언할 때 많이 쓰는 표현입니다.

你不用太紧张，像平时一样就行了。
Nǐ búyòng tài jǐnzhāng, xiàng píngshí yíyàng jiù xíng le.
너무 긴장하지 마요. 평소대로 하면 돼요.

我吃几片药，休息休息就行了。
Wǒ chī jǐ piàn yào, xiūxi xiūxi jiù xíng le.
저 약 몇 알 먹고 좀 쉬면 돼요.

片 piàn 양 얇고 작은 사물이나 작게 잘라진 부분을 세는 단위

就要……了

2

没想到这么快就要毕业了。
Méi xiǎngdào zhème kuài jiù yào bìyè le.
이렇게 빨리 졸업하게 될 줄은 생각도 못했어.

'就要……了'는 '곧 ~하려고 하다'라는 의미로 곧 발생하게 될 가까운 미래에 어떤 상황이 발생할 것임을 나타냅니다. 이때 就를 생략한 '要……了' 구조로도 말할 수 있습니다.

火车就要开了，你快回去吧。
Huǒchē jiù yào kāi le, nǐ kuài huíqu ba.
기차가 곧 출발하니, 빨리 돌아가요.

马上就要过冬了，快把厚衣服拿出来吧。
Mǎshàng jiù yào guòdōng le, kuài bǎ hòu yīfu ná chūlai ba.
곧 겨울이니, 어서 두꺼운 옷을 꺼내요.

过冬 guòdōng 동 겨울을 나다
厚 hòu 형 두껍다

부사 可能

3

我可能准备考研。
Wǒ kěnéng zhǔnbèi kǎoyán.
나는 아마 대학원 시험을 준비할 것 같아.

부사 '可能'은 '아마, 아마도'라는 의미로 확실한 내용이 아닌 개인적인 견해 혹은 짐작, 추측 등을 나타낼 때 쓰입니다.

他爸爸可能已经退休了。
Tā bàba kěnéng yǐjīng tuìxiū le.
그의 아버지는 아마도 이미 퇴직하셨을 거예요.

退休 tuìxiū 동 퇴직하다

我今天晚上可能很晚才能到家。
Wǒ jīntiān wǎnshang kěnéng hěn wǎn cái néng dào jiā.
나는 오늘 밤에 아마도 집에 늦게 도착할 것 같아요.

继续+동사

4

我可不想继续学习了，我想找工作。
Wǒ kě bù xiǎng jìxù xuéxí le, wǒ xiǎng zhǎo gōngzuò.
나는 공부를 계속 하고 싶지 않아. 나는 일을 찾고 싶어.

'继续'는 기본적으로 '계속하다'라는 뜻을 가지고 있으며 진행하고 있던 행동을 잠시 멈췄다가 다시 이어서 하는 의미도 내포하고 있습니다. '继续' 뒤에는 보통 동사가 옵니다.

他喝了一口咖啡，继续写报告。
Tā hē le yì kǒu kāfēi, jìxù xiě bàogào.
그는 커피 한 모금을 마시고 계속 보고서를 썼어요.

他的脚受伤了，不能继续跳舞了。
Tā de jiǎo shòushāng le, bù néng jìxù tiàowǔ le.
그의 발이 다쳐서 계속 춤을 출 수 없어요.

연습 문제

1 녹음을 듣고 해당 단어를 쓰세요. Track 12-08

① ______________________ ② ______________________

③ ______________________ ④ ______________________

2 문장을 듣고 내용이 맞으면 V, 틀리면 X를 표시하세요. Track 12-09

① 说话人是老师。 (　　)

② 他们现在在上课。 (　　)

③ 他现在小学二年级。 (　　)

④ 女的想要继续学习。 (　　)

3 녹음을 듣고 올바르게 해석한 문장에는 V, 틀리게 해석한 문장에는 X를 표시하세요. Track 12-10

① 다음 주 월요일 아침에 과대표가 좀 걷어줘. (　　)

② 이렇게 빨리 취업하게 될 줄은 생각도 못했어. (　　)

③ 나는 아마 졸업 시험을 준비할 것 같아. (　　)

④ 나는 일을 찾고 싶어. (　　)

4 녹음을 듣고 알맞은 대답을 고르세요.

Track 12-11

상황 1

1 他们需要做几道题?

A 一道 B 三道 C 五道 D 全部

2 女的的职业是什么?

A 老师 B 学生 C 咖啡师 D 医生

상황 2

3 男的的孩子上几年级?

A 小学二年级 B 初中二年级 C 高中二年级 D 大学二年级

4 男的觉得孩子怎么样?

A 长得太帅 B 长得太高 C 长得太胖 D 长得太快

상황 3

5 他们是什么关系?

A 同学 B 同事 C 男女朋友 D 爸爸和孩子

6 女的想做什么?

A 考研究生 B 继续学习 C 找工作 D 辞职

13 今天下午有个重要会议。

오늘 오후에 중요한 회의가 있어요.

학습 목표 회사와 관련된 질문 및 표현을 알 수 있다.

핵심 표현 듣고 따라하기

Track 13-01

1. 我紧张得都失眠了。
   Wǒ jǐnzhāng de dōu shīmián le.
   나 긴장돼서 잠이 안 오더라고.

2. 那把开会时间往前提三十分钟吧。
   Nà bǎ kāihuì shíjiān wǎng qián tí sānshí fēnzhōng ba.
   그럼 회의 시간을 30분 앞당깁시다.

3. 主要是他还没什么经验。
   Zhǔyào shì tā hái méi shénme jīngyàn.
   가장 큰 이유는 그가 아직 별로 경험이 없다는 거예요.

실전 듣기 트레이닝 1

Step1 단어 알아보기

Track 13-02

단어	병음	뜻
重要	zhòngyào	형 중요하다
会议	huìyì	명 회의
必须	bìxū	부 반드시 ~해야 하다
领导	lǐngdǎo	명 리더, 지도자
项目	xiàngmù	명 프로젝트
失眠	shīmián	동 잠이 안 오다

Step2 현지 회화 들어 보기

Track 13-03

상황 1 중요한 미팅을 준비할 때

· 음원을 들으며 빈칸에 알맞은 표현을 써 보세요.

A 你今天__________来得这么早啊?

Nǐ jīntiān __________ lái de zhème zǎo a?

B 今天下午有个__________，我__________做好准备。

Jīntiān xiàwǔ yǒu ge __________, wǒ __________ zuòhǎo zhǔnbèi.

A 啊，上次__________说的那个__________吗?

À, shàng cì __________ shuō de nàge __________ ma?

B 对，我__________得都__________了。

Duì, wǒ __________ de dōu __________ le.

실전 듣기 트레이닝 2

Step1 단어 알아보기

Track 13-04

단어	병음	뜻
材料	cáiliào	명 자료
结束	jiéshù	동 끝나다
主持	zhǔchí	동 진행하다, 주관하다
面试	miànshì	명 면접 동 면접보다
往	wǎng	전 ~으로, ~쪽으로
提	tí	동 앞당기다
通知	tōngzhī	동 알리다, 통지하다

Step2 현지 회화 들어 보기

Track 13-05

상황 2 회의 시간을 변경해야 할 때

· 음원을 들으며 빈칸에 알맞은 표현을 써 보세요.

A 你帮我给大家发一下这个______________。

Nǐ bāng wǒ gěi dàjiā fā yíxià zhège ______________ .

B 好的。会议______________后，您还得主持______________。

Hǎo de. Huìyì ______________ hòu, nín hái děi zhǔchí ______________ .

A 那把开会时间______________三十分钟吧。

Nà bǎ kāihuì shíjiān ______________ sānshí fēnzhōng ba.

B 那好，我______________大家会议十点半开始。

Nà hǎo, wǒ ______________ dàjiā huìyì shí diǎn bàn kāishǐ.

실전 듣기 트레이닝 3

Step1 단어 알아보기

Track 13-06

단어	병음	뜻
为了	wèile	전 ~하기 위해서
解决	jiějué	동 해결하다
还是……吧	háishi……ba	~하는 편이 좋다
担心	dānxīn	동 걱정하다
主要	zhǔyào	형 주요하다
经验	jīngyàn	명 경험
情况	qíngkuàng	명 상황

Step2 현지 회화 들어 보기

Track 13-07

상황 3 업무상 문제가 발생했을 때

· 음원을 들으며 빈칸에 알맞은 표현을 써 보세요.

A ________早点儿解决问题，我们________过去看看吧。

________ zǎodiǎnr jiějué wèntí, wǒmen ________ guòqu kànkan ba.

B 你还________小李解决不了吗？

Nǐ hái ________ Xiǎo Lǐ jiějué bu liǎo ma?

A 主要是他还没什么________。

Zhǔyào shì tā hái méi shénme ________.

B 行，那我先________，问问现在的________。

Xíng, nà wǒ xiān ________, wènwen xiànzài de ________.

핵심 표현

동사 帮

1

你帮我给大家发一下这个材料。
Nǐ bāng wǒ gěi dàjiā fā yíxià zhège cáiliào.
이 자료 좀 모두에게 나눠 주세요.

'帮'은 '돕다'라는 뜻의 동사이며, 일반적으로 'A+帮+B+동작'의 형태로 쓰여 'A가 B를 도와서 ~하다'라는 의미를 나타냅니다.

你能帮我给老师打个电话吗?
Nǐ néng bāng wǒ gěi lǎoshī dǎ ge diànhuà ma?
선생님께 전화 좀 걸어 줄래요?

这个小伙子帮我找到了我的钱包。
Zhège xiǎohuǒzi bāng wǒ zhǎodào le wǒ de qiánbāo.
이 아이가 내 지갑을 찾아줬어요.

전치사 往

2

那把开会时间往前提三十分钟吧。
Nà bǎ kāihuì shíjiān wǎng qián tí sānshí fēnzhōng ba.
그럼 회의 시간을 30분 앞당깁시다.

전치사 '往'은 방향을 나타내며, '(어디)로 향하다'라는 의미를 가지고 있습니다. 보통 '前, 后, 南, 北' 등 방향을 나타내는 방위 명사와 함께 쓰입니다.

这趟车是往西藏去的。
Zhè tàng chē shì wǎng Xīzàng qù de.
이 차는 티베트를 향해 가는 차예요.

趟 tàng 양 번, 차례(사람이나 차의 왕래하는 횟수를 나타냄)
西藏 Xīzàng 고유 티베트

这里太挤了，我们往后走走吧。
Zhèli tài jǐ le, wǒmen wǎng hòu zǒuzou ba.
여기는 너무 붐비니 우리 뒤로 좀 가요.

挤 jǐ 동 붐비다, 꽉 차다

전치사 为了

3

为了早点儿解决问题，我们还是过去看看吧。
Wèile zǎodiǎnr jiějué wèntí, wǒmen háishi guòqu kànkan ba.
문제를 좀 일찍 해결하기 위해서, 우리가 가서 좀 보는 것이 좋겠어요.

전치사 '为了'는 문장 맨 앞에 위치하여 '~을(를) 하기 위해서'라는 뜻으로 구체적인 '목적'을 말할 때 쓰는 표현입니다.

为了减肥成功，她每天拼命运动。
Wèile jiǎnféi chénggōng, tā měi tiān pīnmìng yùndòng.
다이어트 성공을 위해 그녀는 매일 필사적으로 운동을 해요.

> 拼命 pīnmìng 동 필사적으로 하다

为了能考上好大学，她报了三个补习班。
Wèile néng kǎo shang hǎo dàxué, tā bào le sān ge bǔxíbān.
좋은 대학에 합격하기 위해 그녀는 3개의 학원에 등록했어요.

> 报 bào 동 (학원 등을) 등록하다
> 补习班 bǔxí bān 학원

동사+不了

4

你还担心小李解决不了吗?
Nǐ hái dānxīn Xiǎo Lǐ jiějué bu liǎo ma?
아직도 샤오리가 해결하지 못할까 봐 걱정되세요?

'동사+不了'는 가능보어의 부정 형식으로 '~할 수 없다'라는 뜻입니다. 가능보어의 긍정문은 '동사+得了'로 표현할 수 있습니다.

他今天好像有别的事儿，来不了。
Tā jīntiān hǎoxiàng yǒu bié de shìr, lái bu liǎo.
그는 오늘 다른 일이 있어서 올 수 없을 거예요.

我嗓子哑了，唱不了歌了。
Wǒ sǎngzi yǎ le, chàng bu liǎo gē le.
나는 목이 쉬어서 노래를 부를 수 없어요.

> 哑 yǎ 형 (목이) 쉬다, 소리가 나지 않다

연습 문제

1 녹음을 듣고 해당 단어를 쓰세요. Track 13-08

① ____________________ ② ____________________

③ ____________________ ④ ____________________

2 문장을 듣고 내용이 맞으면 V, 틀리면 X를 표시하세요. Track 13-09

① 男的今天下午要开会。 (　　)

② 男的现在很开心。 (　　)

③ 会议时间提前了三十分钟。 (　　)

④ 男的现在要打电话。 (　　)

3 녹음을 듣고 올바르게 해석한 문장에는 V, 틀리게 해석한 문장에는 X를 표시하세요. Track 13-10

① 너 오늘 왜 이렇게 늦게 왔어? (　　)

② 이 자료 좀 모두에게 나눠 주세요. (　　)

③ 제가 회의가 10시 반에 끝난다고 모두에게 알리겠습니다. (　　)

④ 아직도 샤오리가 해결하지 못할까 봐 걱정되세요? (　　)

4 녹음을 듣고 알맞은 대답을 고르세요.

Track 13-11

상황 1

1. 男的来得早做什么?

A 吃饭 B 准备会议 C 睡觉 D 见领导

2. 男的为什么失眠?

A 太紧张了 B 生病了 C 考不上大学 D 跟女朋友分手了

상황 2

3. 男的和女的可能是什么关系?

A 老板和秘书 B 医生和护士 C 服务员和顾客 D 老师和学生

4. 男的接下来要做什么?

A 面试 B 主持面试 C 洗澡 D 考试

상황 3

5. 女的为什么担心?

A 身体不好 B 老板没来 C 小李解决不了问题 D 钱包丢了

6. 男的打电话做什么?

A 和女的约会 B 问问现在的情况 C 有急事找小李 D 借钱

14 麻烦您先拿菜单给我看一下。

죄송하지만 우선 메뉴판 좀 보여 주세요.

학습 목표 식당과 관련된 질문 및 표현을 알 수 있다.

핵심 표현 듣고 따라하기

Track 14-01

1. 麻烦您先拿菜单给我看一下。
   Máfan nín xiān ná càidān gěi wǒ kàn yíxià.
   죄송하지만 우선 메뉴판 좀 보여 주세요.

2. 等一会儿再拿来也行。
   Děng yíhuìr zài nálai yě xíng.
   조금 있다가 갖다주셔도 됩니다.

3. 这还怎么吃啊！
   Zhè hái zěnme chī a!
   이것을 또 어떻게 먹어요!

실전 듣기 트레이닝 1

Step1 단어 알아보기

Track 14-02

단어	병음	뜻
点菜	diǎn cài	요리를 주문하다
等	děng	동 (~할 때까지) 기다리다
需要	xūyào	명 필요 동 필요하다
麻烦	máfan	동 폐를 끼치다
菜单	càidān	명 메뉴판

Step2 현지 회화 들어 보기

Track 14-03

상황 1 식당에서 일행을 기다릴 때

· 음원을 들으며 빈칸에 알맞은 표현을 써 보세요.

A 请问，您现在____________吗?

Qǐngwèn, nín xiànzài ____________ ma?

B 我在____________朋友，____________他来我们再点吧。

Wǒ zài ____________ péngyou, ____________ tā lái wǒmen zài diǎn ba.

A 好，有____________您再叫我。

Hǎo, yǒu ____________ nín zài jiào wǒ.

B ____________您先拿____________给我看一下。

____________ nín xiān ná ____________ gěi wǒ kàn yíxià.

실전 듣기 트레이닝 2

Step1 단어 알아보기

Track 14-04

단어	병음	뜻
打扰	dǎrǎo	동 실례하다, 방해하다
上菜	shàng cài	음식을 세팅하다, 요리를 내다
凉	liáng	형 차갑다, 시원하다
常温	chángwēn	명 상온
冰镇	bīngzhèn	동 얼리다, 얼음으로 차갑게 하다

Step2 현지 회화 들어 보기

Track 14-05

상황 2 식당에서 차가운 맥주를 주문할 때

· 음원을 들으며 빈칸에 알맞은 표현을 써 보세요.

A 打扰一下，给您__________。

Dǎrǎo yíxià, gěi nín __________.

B 再给我们__________。

Zài gěi wǒmen __________.

A 没有__________的了，只有__________的，可以吗?

Méiyǒu __________ de le, zhǐyǒu __________ de, kěyǐ ma?

B 那就先给我们__________一下，等一会儿再拿来也行。

Nà jiù xiān gěi wǒmen __________ yíxià, děng yíhuìr zài nálai yě xíng.

실전 듣기 트레이닝 3

Step1 단어 알아보기

Track 14-06

단어	병음	뜻
头发	tóufa	명 머리카락
换	huàn	동 바꾸다
盘	pán	양 접시, 그릇(표면이 넓은 것을 세는 단위)
退钱	tuì qián	환불하다
处理	chǔlǐ	동 처리하다

Step2 현지 회화 들어 보기

Track 14-07

상황 3 음식에서 이물질이 나왔을 때

· 음원을 들으며 빈칸에 알맞은 표현을 써 보세요.

A 服务员，你看，这菜里有____________。

Fúwùyuán, nǐ kàn, zhè cài li yǒu ________ .

B 不好意思，我们再给您____________吧。

Bù hǎoyìsi, wǒmen zài gěi nín ________ ba.

A 这还怎么吃啊！给我们____________吧。

Zhè hái zěnme chī a! Gěi wǒmen ________ ba.

B 真是对不起，现在马上给您____________。

Zhēnshi duìbuqǐ, xiànzài mǎshàng gěi nín ________ .

핵심 표현

동사 等

1

等他来我们再点吧。
Děng tā lái wǒmen zài diǎn ba.
그가 오면 다시 주문하겠습니다.

동사 '等'은 '(~할 때 까지) 기다리다'라는 뜻으로 이후 발생할 동작에 대한 시점을 나타낼 때 쓰입니다.

等你长大了，你想做什么？
Děng nǐ zhǎng dà le, nǐ xiǎng zuò shénme?
너는 커서 뭐 하고 싶니?

我们还是等老师来了再开始吧。
Wǒmen háishi děng lǎoshī lái le zài kāishǐ ba.
우리 선생님 오시면 다시 시작하는 게 좋겠어.

동사 麻烦

2

麻烦您先拿菜单给我看一下。
Máfan nín xiān ná càidān gěi wǒ kàn yíxià.
죄송하지만 우선 메뉴판 좀 보여 주세요.

'麻烦'은 '죄송합니다, 실례합니다'라는 의미로 남에게 공손하게 부탁하거나 요청할 때 쓰는 표현입니다.

麻烦你帮我一个忙，可以吗？
Máfan nǐ bāng wǒ yí ge máng, kěyǐ ma?
죄송하지만 한 번만 도와주시겠어요?

麻烦两位出示一下身份证。
Máfan liǎng wèi chūshì yíxià shēnfènzhèng.
죄송하지만 두 분 신분증 좀 보여 주세요.

先A, 再B

3

那就先给我们冰镇一下，等一会儿再拿来也行。
Nà jiù xiān gěi wǒmen bīngzhèn yíxià, děng yíhuìr zài nálai yě xíng.
그럼 좀 차갑게 얼려 주시고, 조금 있다가 갖다주셔도 됩니다.

'先A, 再B'는 '먼저 A하고, 다시 B하다'라는 뜻으로 동작의 선후를 나타낼 때 사용하는 표현입니다.

你先做作业，再去看电视。
Nǐ xiān zuò zuòyè, zài qù kàn diànshì.
너 숙제 먼저 하고 나서 텔레비전 보러 가.

你回家后先打开窗户，再给小狗喂食。
Nǐ huíjiā hòu xiān dǎkāi chuānghu, zài gěi xiǎo gǒu wèishí.
집에 도착하면 창문 먼저 열고 나서 강아지한테 먹이를 줘요.

喂食 wèishí ⓢ (동물에게) 먹이를 주다

부사 还

这还怎么吃啊！
Zhè hái zěnme chī a!
이것을 또 어떻게 먹어요!

부사 '还'는 '또, 다시'라는 의미로 아직 실현되지 않은 동작의 반복을 나타냅니다.

裤子破了个洞，还怎么穿啊！
Kùzi pò le ge dòng, hái zěnme chuān a!
바지가 찢어져 구멍이 났는데, 또 어떻게 입어요!

洞 dòng ⓜ 구멍

这蛋糕都坏了，还怎么卖啊！
Zhè dàngāo dōu huài le, hái zěnme mài a!
이 케이크는 이미 상했는데, 또 어떻게 팔아요!

연습 문제

1 녹음을 듣고 해당 단어를 쓰세요. Track 14-08

① ____________________ ② ____________________

③ ____________________ ④ ____________________

2 문장을 듣고 내용이 맞으면 V, 틀리면 X를 표시하세요. Track 14-09

① 女的在等朋友。 (　　)

② 女的现在在饭店。 (　　)

③ 男的要不凉的啤酒。 (　　)

④ 菜里有虫子，所以不能吃。 (　　)

3 녹음을 듣고 올바르게 해석한 문장에는 V, 틀리게 해석한 문장에는 X를 표시하세요. Track 14-10

① 실례지만, 지금 주문하시겠습니까? (　　)

② 죄송하지만 우선 계산서 좀 보여 주세요. (　　)

③ 콜라 두 병 더 주세요. (　　)

④ 포장해 주세요. (　　)

4 녹음을 듣고 알맞은 대답을 고르세요.

Track 14-11

상황 1

1 他们可能在哪儿?

A 菜市场 B 商店 C 饭店 D 公司

2 女的让男的做什么?

A 拿可乐 B 拿菜单 C 给她一瓶水 D 等朋友

상황 2

3 女的正在做什么?

A 吃饭 B 点菜 C 上菜 D 买菜

4 男的点了什么?

A 冰镇的啤酒 B 常温的饮料 C 汽水 D 拿手菜

상황 3

5 男的为什么找服务员?

A 没有餐巾纸 B 菜里有头发 C 结账 D 菜没做熟

6 女的接下来要做什么?

A 给男的换菜 B 重新做菜 C 道歉 D 给男的退钱

15 这双不错，但是有点儿挤脚。

이 신발 괜찮은데, 좀 발에 꽉 끼네요.

학습 목표 쇼핑과 관련된 질문 및 표현을 알 수 있다.

핵심 표현 듣고 따라하기

Track 15-01

1. 这双不错，但是有点儿挤脚。
Zhè shuāng búcuò, dànshì yǒudiǎnr jǐ jiǎo.
이 신발 괜찮은데, 좀 발에 꽉 끼네요.

2. 您要的包现在没有货了。
Nín yào de bāo xiànzài méiyǒu huò le.
원하시는 가방은 지금 재고가 없습니다.

3. 没有发票可能退不了。
Méiyǒu fāpiào kěnéng tuì bu liǎo.
영수증이 없으면 환불해 드릴 수 없을 것 같아요.

실전 듣기 트레이닝 1

Step1 단어 알아보기

Track 15-02

단어	병음	뜻
鞋	xié	㊔ 신발
打折	dǎzhé	㊖ 할인하다, 세일하다
双	shuāng	㊣ 켤레(신발, 양말 등 쌍으로 된 물건을 세는 단위)
挤脚	jǐ jiǎo	(신발이) 발에 꽉 끼다
大小	dàxiǎo	㊔ 크기
正	zhèng	㊕ 딱, 마침
合适	héshì	㊗ 알맞다, 적당하다

Step2 현지 회화 들어 보기

Track 15-03

상황 1 사이즈에 맞는 신발을 구입할 때

· 음원을 들으며 빈칸에 알맞은 표현을 써 보세요.

A 现在我们店内的____________都____________，有喜欢的试试看吧。

Xiànzài wǒmen diàn nèi de ______ dōu ______ , yǒu xǐhuan de shìshi kàn ba.

B 这双不错，但是有点儿____________。

Zhè shuāng búcuò, dànshì yǒudiǎnr ______ .

A 您试试这双，这双____________。

Nín shìshi zhè shuāng, zhè shuāng ______ .

B 这双____________。我就要这双了。

Zhè shuāng ______ . Wǒ jiù yào zhè shuāng le.

실전 듣기 트레이닝 2

Step1 단어 알아보기

Track 15-04

단어	병음	뜻
包	bāo	명 가방
货	huò	명 물품, 상품
网上	wǎngshang	명 인터넷, 온라인
订货	dìnghuò	명 물건을 주문하다
邮	yóu	동 (우편으로) 보내다, 배송하다
交钱	jiāo qián	돈을 내다, 계산하다

Step2 현지 회화 들어 보기

Track 15-05

상황 2 구입하고 싶은 가방의 재고가 없을 때

· 음원을 들으며 빈칸에 알맞은 표현을 써 보세요.

A 不好意思，您要的包现在＿＿＿＿＿＿了。

Bù hǎoyìsi, nín yào de bāo xiànzài ＿＿＿＿＿＿ le.

B ＿＿＿＿＿＿？

＿＿＿＿＿＿?

A 我们可以帮您在网上＿＿＿＿＿＿，再邮到您家，您看可以吗？

Wǒmen kěyǐ bāng nín wǎngshang ＿＿＿＿＿＿, zài yóu dào nín jiā, nín kàn kěyǐ ma?

B 也行。那我＿＿＿＿＿＿吧。

Yě xíng. Nà wǒ ＿＿＿＿＿＿ ba.

실전 듣기 트레이닝 3

Step1 단어 알아보기

Track 15-06

단어	병음	뜻
顶	dǐng	ⓐ 모자를 세는 단위
帽子	màozi	ⓜ 모자
退	tuì	ⓓ 환불하다
发票	fāpiào	ⓜ 영수증
找着	zhǎozháo	찾아내다
记录	jìlù	ⓜ 기록

Step2 현지 회화 들어 보기

Track 15-07

상황 3 구입한 물건을 환불할 때

· 음원을 들으며 빈칸에 알맞은 표현을 써 보세요.

A 你好，前几天我在你们店里买了__________，现在想退。

Nǐ hǎo, qián jǐ tiān wǒ zài nǐmen diàn li mǎi le __________, xiànzài xiǎng tuì.

B 好的，您有__________吗?

Hǎo de, nín yǒu __________ ma?

A 发票我__________。

Fāpiào wǒ __________.

B 没有发票可能__________。我先看看我们这边的记录。

Méiyǒu fāpiào kěnéng __________. Wǒ xiān kànkan wǒmen zhèbian de jìlù.

핵심 표현

打+숫자+折

1

现在我们店内的鞋都打八折。
Xiànzài wǒmen diàn nèi de xié dōu dǎ bā zhé.
지금 저희 매장 내 신발은 모두 20% 세일입니다.

'打折'는 '할인하다'라는 뜻으로 '打'와 '折' 사이에 숫자를 사용해서 할인율을 나타냅니다.

你好，请问这个包能打几折？
Nǐ hǎo, qǐngwèn zhège bāo néng dǎ jǐ zhé?
안녕하세요, 실례지만 이 가방은 몇 % 할인하나요?

这把吉他是上个星期打三折的时候买的。
Zhè bǎ jítā shì shàng ge xīngqī dǎ sān zhé de shíhou mǎi de.
이 기타는 지난주 70% 할인할 때 샀어요.

把 bǎ ㊣ 자루(손잡이가 달린 물건을 세는 단위)
吉他 jítā ㊔ 기타

형용사+수량사

2

您试试这双，这双大一号。
Nín shìshi zhè shuāng, zhè shuāng dà yí hào.
이걸로 신어 보세요. 이것은 한 치수 큰 거예요.

'형용사+수량사'는 '얼마나 ~하다'라는 의미로 비교문에서 주로 많이 쓰이며, 비교 대상과의 구체적인 차이를 나타내는 표현입니다.

今天比昨天冷，温度低五度。
Jīntiān bǐ zuótiān lěng, wēndù dī wǔ dù.
오늘은 어제보다 추워요. 온도가 5도 낮아요.

这个比那个贵二十块钱。
Zhège bǐ nàge guì èrshí kuài qián.
이것은 그것보다 20위안 비싸요.

부사 正

3

这双大小正合适。
Zhè shuāng dàxiǎo zhèng héshì.
이것은 크기가 딱 맞네요.

부사 '正'은 '딱'이라는 뜻으로 술어 앞에 위치하여 꼭 들어맞는 상황을 나타낼 때 쓰는 표현입니다.

这件衣服的大小正合适。
Zhè jiàn yīfu de dàxiǎo zhèng héshì.
이 옷의 사이즈가 딱 맞아요.

这个菜的咸淡正合我的口味。
Zhège cài de xián dàn zhèng hé wǒ de kǒuwèi.
이 요리의 간이 내 입맛에 딱 맞아요.

咸淡 xián dàn 간, 짠 정도
口味 kǒuwèi 명 입맛

동사+到

4

我们可以帮您在网上订货，再邮到您家。
Wǒmen kěyǐ bāng nín zài wǎngshang dìnghuò, zài yóu dào nín jiā.
저희가 인터넷으로 주문해서, 집으로 배송해 드릴 수 있습니다.

'동사+到'는 동작의 결과가 '~까지 이르다'라는 의미를 나타냅니다.

他拿着伞，走到了她身边。
Tā názhe sǎn, zǒudào le tā shēnbiān.
그는 우산을 들고 그녀의 곁으로 갔어요.

他把孩子送到幼儿园。
Tā bǎ háizi sòngdào yòu'éryuán.
그는 아이를 유치원까지 바래다주었어요.

送 sòng 동 보내다, 바래(다)주다
幼儿园 yòu'éryuán 명 유치원

연습 문제

1 녹음을 듣고 해당 단어를 쓰세요. Track 15-08

① ____________ ② ____________

③ ____________ ④ ____________

2 문장을 듣고 내용이 맞으면 V, 틀리면 X를 표시하세요. Track 15-09

① 店内的鞋都是八十元。 ( )

② 顾客要的包现在没有货了。 ( )

③ 女的来退帽子。 ( )

④ 没有发票可能不能退货。 ( )

3 녹음을 듣고 올바르게 해석한 문장에는 V, 틀리게 해석한 문장에는 X를 표시하세요. Track 15-10

① 지금 저희 매장 내 신발은 다 80% 세일입니다. ( )

② 이 신발 괜찮은데, 좀 발에 크네요. ( )

③ 원하시는 가방은 지금 재고가 없습니다. ( )

④ 영수증을 못 찾았어요. ( )

4 녹음을 듣고 알맞은 대답을 고르세요.

Track 15-11

상황 1

❶ 男的来买什么?

A 袜子　B 鞋　C 电脑　D 手机

❷ 女的可能是做什么的?

A 服务员　B 老师　C 司机　D 公司职员

상황 2

❸ 女的买了什么东西?

A 一个包　B 一斤苹果　C 一瓶可乐　D 一台电视

❹ 男的建议女的怎么做?

A 下周再来　B 别买　C 去别的商店　D 在网上订货，再邮到她家

상황 3

❺ 女的来做什么?

A 见朋友　B 吃午餐　C 退帽子　D 烫发

❻ 女的没带什么来?

A 手机　B 发票　C 钱包　D 信用卡

16 我吃坏肚子了。

배탈이 났어요.

학습 목표 건강 상태와 관련된 질문 및 표현을 알 수 있다.

핵심 표현 듣고 따라하기

Track 16-01

☑ ☐ ☐

1 你这是流感。
Nǐ zhè shì liúgǎn.
독감입니다.

☐ ☐ ☐

2 你今天怎么这么没精神?
Nǐ jīntiān zěnme zhème méi jīngshen?
너 오늘 왜 이렇게 기운이 없어?

☐ ☐ ☐

3 您的血压还是有点儿高，药还不能停。
Nín de xuèyā háishi yǒudiǎnr gāo, yào hái bù néng tíng.
혈압이 그래도 좀 높으니 약은 아직 멈추시면 안 돼요.

실전 듣기 트레이닝 1

Step1 단어 알아보기

Track 16-02

단어	병음	뜻
舒服	shūfu	형 편안하다
发烧	fāshāo	동 열이 나다
嗓子	sǎngzi	명 목
疼	téng	형 아프다
流感	liúgǎn	명 독감
开药	kāi yào	약을 처방하다
按时	ànshí	부 제시간에, 제때에

Step2 현지 회화 들어 보기

Track 16-03

상황 1 의사에게 아픈 증상을 말할 때

· 음원을 들으며 빈칸에 알맞은 표현을 써 보세요.

A 你哪儿不____________?

Nǐ nǎr bù ____________ ?

B 我从昨天晚上开始____________，____________。

Wǒ cóng zuótiān wǎnshang kāishǐ ____________ , ____________ .

A 你这是____________。我给你开点儿药，你____________吃。

Nǐ zhè shì ____________ . Wǒ gěi nǐ kāi diǎnr yào, nǐ ____________ chī.

B 好的，谢谢，医生。

Hǎo de, xièxie, yīshēng.

실전 듣기 트레이닝 2

Step1 단어 알아보기

Track 16-04

단어	병음	뜻
坏肚子	huài dùzi	배탈 나다
海鲜	hǎixiān	명 해산물
季节	jìjié	명 계절
小心	xiǎoxīn	동 조심하다 형 조심스럽다
叫	jiào	동 부르다
滴滴	dīdī	콜택시

Step2 현지 회화 들어 보기

Track 16-05

상황 2 배탈이 나서 기운이 없을 때

· 음원을 들으며 빈칸에 알맞은 표현을 써 보세요.

A 你今天怎么这么__________?

Nǐ jīntiān zěnme zhème __________ ?

B 我吃__________了，昨天吃的__________好像不新鲜。

Wǒ chī __________ le, zuótiān chī de __________ hǎoxiàng bù xīnxiān.

A 这个__________吃海鲜要小心啊，你快去医院看看吧。

Zhège __________ chī hǎixiān yào xiǎoxīn a, nǐ kuài qù yīyuàn kànkan ba.

B 行，__________叫个滴滴吧。

Xíng, __________ jiào ge dīdī ba.

실전 듣기 트레이닝 3

Step1 단어 알아보기

Track 16-06

단어	병음	뜻
打针	dǎzhēn	동 주사 맞다
轻松	qīngsōng	형 가뿐하다, 홀가분하다
出院	chūyuàn	동 퇴원하다
血压	xùeyā	명 혈압
大夫	dàifu	명 의사

Step2 현지 회화 들어 보기

Track 16-07

상황 3 입원 후 상태가 많이 호전되었을 때

· 음원을 들으며 빈칸에 알맞은 표현을 써 보세요.

A 怎么样?______________好点儿了吗?

Zěnme yàng? __________ hǎo diǎnr le ma?

B 好多了，吃了你开的药，______________以后，感觉轻松多了。

Hǎo duō le, chī le nǐ kāi de yào, __________ yǐhòu, gǎnjué qīngsōng duō le.

A 那您明天就______________吧。

Nà nín míngtiān jiù __________ ba.

但您的______________还是有点儿高，药还不能停。

Dàn nín de __________ háishi yǒudiǎnr gāo, yào hái bù néng tíng.

B 能出院？太好了！谢谢，______________。

Néng chūyuàn? Tài hǎo le! Xièxie, __________ .

핵심 표현

부사 按时

1

我给你开点儿药，你按时吃。
Wǒ gěi nǐ kāi diǎnr yào, nǐ ànshí chī.
약을 좀 처방해 드릴 테니, 제시간에 드세요.

부사 '按时'는 '제시간에, 제때에'라는 의미로 정해진 시간에 어떠한 동작을 해야 할 때 쓰는 표현입니다.

学生应该按时交作业。
Xuésheng yīnggāi ànshí jiāo zuòyè.
학생은 제때 숙제를 제출해야 해요.

二零二路公交车总是不按时来。
Èr líng èr lù gōngjiāochē zǒngshì bú ànshí lái.
202번 버스는 늘 제시간에 오지 않아요.

总是 zǒngshì 부 늘, 줄곧

연동문

你快去医院看看吧。
Nǐ kuài qù yīyuàn kànkan ba.
얼른 병원에 가서 좀 봐 봐.

연동문이란 하나의 주어에 동사나 동사구가 두 개 또는 두 개 이상으로 이루어진 문장을 뜻합니다. '주어+동사^1+목적어^1+동사^2+목적어^2'의 구조로 쓰이며, 주로 동작의 순서, 목적, 수단, 방식을 나타냅니다.

我每天坐公交车上班。
Wǒ měi tiān zuò gōngjiāochē shàngbān.
나는 매일 버스를 타고 출근해.

我建议你去附近的医院检查检查。
Wǒ jiànyì nǐ qù fùjìn de yīyuàn jiǎnchá jiǎnchá.
근처 병원에 가서 진찰 좀 받아 봐요.

建议 jiànyì 동 건의하다, 제안하다

동사/형용사+多了

3

打完针以后，感觉轻松多了。
Dǎwán zhēn yǐhòu, gǎnjué qīngsōng duō le.
주사 맞고 나니, 한결 가벼워졌어요.

'동사/형용사+多了'는 '훨씬 ~해졌다'라는 의미로 비교문에서 많이 쓰입니다.

今年冬天比去年冷多了。
Jīnnián dōngtiān bǐ qùnián lěng duō le.
올해 겨울은 작년보다 훨씬 추워요.

有了高铁，人们去远的地方比以前方便多了。
Yǒu le gāotiě, rénmen qù yuǎn de dìfang bǐ yǐqián fāngbiàn duō le.
고속철도가 생긴 후에 사람들이 먼 곳에 가는 것이 이전보다 훨씬 편리해졌어요.

高铁 gāotiě 명 고속철도

부사 还是

您的血压还是有点儿高，药还不能停。
Nín de xuèyā háishi yǒudiǎnr gāo, yào hái bù néng tíng.
혈압이 그래도 좀 높으니, 약은 아직 멈추시면 안 돼요.

부사 '还是'는 '아직도, 여전히'라는 의미로 현상이나 동작이 계속 지속되거나 진행되고 있음을 나타냅니다.

他都四十岁了，还是不会洗衣服。
Tā dōu sìshí suì le, háishi bú huì xǐ yīfu.
그는 이미 40살인데 아직도 빨래를 할 줄 몰라요.

都这么多年了，她还是没忘记她的初恋。
Dōu zhème duō nián le, tā háishi méi wàngjì tā de chūliàn.
벌써 이렇게 여러 해가 지났는데도 그녀는 여전히 첫사랑을 잊지 못해요.

初恋 chūliàn 명 첫사랑
동 처음으로 연애하다

연습 문제

1 녹음을 듣고 해당 단어를 쓰세요. Track 16-08

① ______________ ② ______________

③ ______________ ④ ______________

2 문장을 듣고 내용이 맞으면 V, 틀리면 X를 표시하세요. Track 16-09

① 女的嗓子疼，头也疼。 ( )

② 患者现在在医院里。 ( )

③ 男的昨天吃了猪肉。 ( )

④ 女的建议对方快去医院看病。 ( )

3 녹음을 듣고 올바르게 해석한 문장에는 V, 틀리게 해석한 문장에는 X를 표시하세요. Track 16-10

① 제가 어젯밤부터 열이 나고, 머리가 아파요. ( )

② 약을 좀 처방해 드릴 테니, 제시간에 드세요. ( )

③ 이 계절에는 해산물을 먹을 때 조심해야 해. ( )

④ 처방해 주신 약 먹고, 주사 맞고 나니, 한결 가벼워졌어요. ( )

4 녹음을 듣고 알맞은 대답을 고르세요.

Track 16-11

상황 1

1 女的什么时候开始不舒服?

A 昨天早上　B 昨天晚上　C 今天上午　D 今天下午

2 女的可能是什么病?

A 流感　B 拉肚子　C 中暑　D 癌症

상황 2

3 男的为什么生病?

A 太疲劳了　B 压力太大　C 吃了不新鲜的海鲜　D 好几天没睡觉

4 男的接下来要做什么?

A 他要买车　B 他要去医院　C 他要上班　D 他要吃海鲜

상황 3

5 女的现在感觉怎么样?

A 很孤独　B 很轻松　C 很生气　D 很累

6 他们可能在哪儿?

A 图书馆　B 电影院　C 医院　D 宿舍

17 走到头，左转就是。

끝까지 가셔서 좌회전하면 바로 있어요.

학습 목표 길 묻기와 관련된 질문 및 표현을 알 수 있다.

핵심 표현 듣고 따라하기

Track 17-01

① 这条路走到头，左转就是北京饭店。
Zhè tiáo lù zǒu dào tóu, zuǒ zhuǎn jiù shì Běijīng Fàndiàn.
이 길을 끝까지 가셔서, 좌회전하면 바로 베이징 호텔입니다.

② 老远就能看见银行的牌子。
Lǎo yuǎn jiù néng kànjiàn yínháng de páizi.
멀리서 은행 간판이 보일 거예요.

③ 那儿有标志牌，你按着标志牌走就行了。
Nàr yǒu biāozhì pái, nǐ ànzhe biāozhì pái zǒu jiù xíng le.
거기에 표지판이 있으니, 표지판대로 가시면 돼요.

실전 듣기 트레이닝 1

Step1 단어 알아보기

Track 17-02

단어	병음	뜻
饭店	fàndiàn	명 호텔
头	tóu	명 끝
左转	zuǒ zhuǎn	왼쪽으로 돌다, 좌회전하다

Step2 현지 회화 들어 보기

Track 17-03

상황 1 목적지까지의 소요 시간을 물어볼 때

· 음원을 들으며 빈칸에 알맞은 표현을 써 보세요.

A 您好，您知道＿＿＿＿＿＿怎么走吗?

Nín hǎo, nín zhīdao ＿＿＿＿＿＿ zěnme zǒu ma?

B 这条路，＿＿＿＿＿＿，＿＿＿＿＿＿就是北京饭店。

Zhè tiáo lù, ＿＿＿＿＿＿, ＿＿＿＿＿＿ jiù shì Běijīng Fàndiàn.

A ＿＿＿＿＿＿? 得走多长时间?

＿＿＿＿＿＿? Děi zǒu duō cháng shíjiān?

B 不远，走＿＿＿＿＿＿就能到。

Bù yuǎn, zǒu ＿＿＿＿＿＿ jiù néng dào.

실전 듣기 트레이닝 2

Step1 단어 알아보기

Track 17-04

단어	병음	뜻
工商银行	Gōngshāng Yínháng	고유 공상은행
红绿灯	hóng-lǜdēng	명 신호등
马路	mǎlù	명 큰길, 대로
路边	lù biān	길옆, 길가
老远	lǎo yuǎn	매우 멀다
牌子	páizi	명 간판, 팻말

Step2 현지 회화 들어 보기

Track 17-05

상황 2 은행의 위치를 물어볼 때

· 음원을 들으며 빈칸에 알맞은 표현을 써 보세요.

A 你好，请问，__________在哪儿？

Nǐ hǎo, qǐngwèn, __________ zài nǎr?

B 你往前走，有个__________，__________就是工商银行。

Nǐ wǎng qián zǒu, yǒu ge __________, __________ jiù shì Gōngshāng Yínháng.

A 银行就在__________吗？

Yínháng jiù zài __________ ma?

B 对，就在__________。老远就能看见银行的__________。

Duì, jiù zài __________. Lǎo yuǎn jiù néng kànjiàn yínháng de __________.

실전 듣기 트레이닝 3

Step1 단어 알아보기

Track 17-06

단어	병음	뜻
咖啡厅	kāfēitīng	ⓜ 커피숍
旁边	pángbiān	ⓜ 옆, 옆쪽
扶梯	fútī	ⓜ 에스컬레이터
拐	guǎi	ⓢ 돌다, 회전하다, 방향을 바꾸다
标志牌	biāozhì pái	표지판
按着	ànzhe	~대로, ~에 따라

Step2 현지 회화 들어 보기

Track 17-07

상황 3 지하철역에 어떻게 가는지 물어볼 때

· 음원을 들으며 빈칸에 알맞은 표현을 써 보세요.

A 你好，请问一下，＿＿＿＿＿＿怎么走啊?

Nǐ hǎo, qǐngwèn yíxià, ＿＿＿＿＿＿ zěnme zǒu a?

B 那边＿＿＿＿＿＿有个＿＿＿＿＿＿，上去＿＿＿＿＿＿。

Nàbian ＿＿＿＿＿＿ yǒu ge ＿＿＿＿＿＿, shàngqu ＿＿＿＿＿＿.

A 右拐就能＿＿＿＿＿＿吗?

Yòu guǎi jiù néng ＿＿＿＿＿＿ ma?

B 那儿有＿＿＿＿＿＿，你＿＿＿＿＿＿走就行了。

Nàr yǒu ＿＿＿＿＿＿, nǐ ＿＿＿＿＿＿ zǒu jiù xíng le.

핵심 표현

방위 명사+转

1

这条路，走到头，左转就是北京饭店。
Zhè tiáo lù, zǒu dào tóu, zuǒ zhuǎn jiù shì Běijīng Fàndiàn.
이 길을 끝까지 가셔서, 좌회전하면 바로 베이징 호텔입니다.

동사 '转'은 '돌다'라는 의미로 앞에 방향을 나타내는 방위 명사와 함께 방향을 바꿀 때 쓰는 표현입니다.

导航上显示是在这儿右转。
Dǎoháng shang xiǎnshì shì zài zhèr yòu zhuǎn.
내비게이션에 여기에서 우회전한다고 나와 있어요.

导航 dǎoháng 명 내비게이션

向后转走一百米，就是你要找的地方。
Xiàng hòu zhuǎn zǒu yìbǎi mǐ, jiù shì nǐ yào zhǎo de dìfang.
뒤로 100미터 돌아서 가면 바로 당신이 찾는 곳이에요.

동사+시량보어

2

不远，走五分钟就能到。
Bù yuǎn, zǒu wǔ fēnzhōng jiù néng dào.
멀지 않아요. 5분만 걸어가면 바로 도착해요.

'동사+시량보어'는 동작이 지속되는 시간을 나타냅니다.

他最近每天只睡四个小时。
Tā zuìjìn měi tiān zhǐ shuì sì ge xiǎoshí.
그는 요새 매일 4시간만 자요.

弟弟每天早上都背一个小时英语单词。
Dìdi měi tiān zǎoshang dōu bèi yí ge xiǎoshí Yīngyǔ dāncí.
남동생은 매일 아침 1시간 동안 영어 단어를 외워요.

背 bèi 동 외우다, 암기하다

부사 老

3

老远就能看见银行的牌子。
Lǎo yuǎn jiù néng kànjiàn yínháng de páizi.
멀리서 은행의 간판이 보일 거예요.

'老'는 '늙다'라는 형용사적 용법 외에도 '매우, 아주'라는 부사적 의미로도 쓰이며, 이때는 뒤에 형용사가 위치합니다.

他老早就起来洗漱，出去晨练了。
Tā lǎo zǎo jiù qǐlai xǐshù, chūqu chénliàn le.
그는 아주 일찍 일어나 씻고, 아침 운동을 하러 나갔어요.

洗漱 xǐshù 동 세수하고 양치질하다
晨练 chénliàn 동 아침 운동을 하다

太阳都升得老高了，你快起来吧！
Tàiyang dōu shēng de lǎo gāo le, nǐ kuài qǐlai ba!
해가 이미 중천이에요, 빨리 일어나요!

按着

4

你按着标志牌走就行了。
Nǐ ànzhe biāozhì pái zǒu jiù xíng le.
표지판대로 가시면 돼요.

'按着'는 '~대로, ~에 따라'라는 의미로 조건, 규정, 계획 등에 따라 어떠한 일이나 행동을 할 때 쓰는 표현입니다.

你按着导航走，准没错！
Nǐ ànzhe dǎoháng zǒu, zhǔn méi cuò!
내비게이션대로 가요, 정확해요!

准 zhǔn 형 정확하다

按着你的说法，我这病是没救了吗？
Ànzhe nǐ de shuōfǎ, wǒ zhè bìng shì méi jiù le ma?
당신의 견해대로라면 제 병은 치료할 방법이 없는 것인가요?

救 jiù 동 구하다, 구제하다

연습 문제

1 녹음을 듣고 해당 단어를 쓰세요. Track 17-08

① ____________________ ② ____________________

③ ____________________ ④ ____________________

2 문장을 듣고 내용이 맞으면 V, 틀리면 X를 표시하세요. Track 17-09

① 女的要去北京的一个商店。 (   )

② 坐车五分钟就能到。 (   )

③ 前边有个红绿灯。 (   )

④ 咖啡厅在扶梯旁边。 (   )

3 녹음을 듣고 올바르게 해석한 문장에는 V, 틀리게 해석한 문장에는 X를 표시하세요. Track 17-10

① 이 길을 끝까지 가셔서, 우회전하면 바로 베이징 호텔입니다. (   )

② 5분만 걸어가면 바로 도착해요. (   )

③ 길 건너시면 바로 공상은행입니다. (   )

④ 맞은편에 지하철역이 보이나요? (   )

4 녹음을 듣고 알맞은 대답을 고르세요.

Track 17-11

상황 1

1 女的要去哪儿?

A 商场 B 北京站 C 酒吧 D 北京饭店

2 目的地离这儿多远?

A 坐车十分钟 B 很远 C 走五分钟就到 D 坐地铁三十分钟

상황 2

3 男的要去什么银行?

A 工商银行 B 中国银行 C 农业银行 D 建设银行

4 银行在哪儿?

A 在天桥下面 B 往左拐 C 过两个红绿灯就是 D 在路边

상황 3

5 女的要去哪儿?

A 咖啡厅 B 扶梯 C 公司 D 地铁站

6 女的应该怎么走?

A 直接左拐 B 一直往前走 C 按照标识牌走 D 下楼

18 喂，你现在说话方便吗？

여보세요, 지금 통화하기 편하세요?

학습 목표 전화 통화와 관련된 질문 및 표현을 알 수 있다.

핵심 표현 듣고 따라하기

Track 18-01

❶ 我给你打电话，一直占线。
Wǒ gěi nǐ dǎ diànhuà, yìzhí zhànxiàn.
내가 너에게 전화했는데, 계속 통화 중이더라.

❷ 那我回公司后给您回电话吧。
Nà wǒ huí gōngsī hòu gěi nín huí diànhuà ba.
그럼 제가 회사 가서 전화드릴게요.

❸ 我在电梯里，信号不太好。
Wǒ zài diàntī li, xìnhào bú tài hǎo.
제가 엘리베이터 안이어서 신호가 그다지 좋지 않아요.

실전 듣기 트레이닝 1

Step1 단어 알아보기

Track 18-02

단어	병음	뜻
一直	yìzhí	부 계속
占线	zhànxiàn	동 통화 중이다
挂	guà	동 (전화기를) 끊다

Step2 현지 회화 들어 보기

Track 18-03

상황 1 상대방과 어렵게 통화 연결이 되었을 때

· 음원을 들으며 빈칸에 알맞은 표현을 써 보세요.

A 我给你打电话，＿＿＿＿＿＿＿＿。

Wǒ gěi nǐ dǎ diànhuà, ＿＿＿＿＿＿＿＿ .

B 怎么了，哥，＿＿＿＿＿＿＿＿？

Zěnme le, gē, ＿＿＿＿＿＿＿＿ ?

A 周末爸爸过生日嘛，咱们晚上＿＿＿＿＿＿＿＿吧。

Zhōumò bàba guò shēngrì ma, zánmen wǎnshang ＿＿＿＿＿＿＿＿ ba.

B 行。那先这样，我要＿＿＿＿＿＿＿＿了，＿＿＿＿＿＿＿＿了，拜拜。

Xíng. Nà xiān zhèyang, wǒ yào ＿＿＿＿＿＿＿＿ le, ＿＿＿＿＿＿＿＿ le, báibai.

실전 듣기 트레이닝 2

Step1 단어 알아보기

Track 18-04

단어	병음	뜻
科长	kēzhǎng	과장
方便	fāngbiàn	형 편하다, 편리하다
回电话	huí diànhuà	회신하다, 다시 전화하다

Step2 현지 회화 들어 보기

Track 18-05

상황 2 운전 중이라 통화가 어려울 때

· 음원을 들으며 빈칸에 알맞은 표현을 써 보세요.

A 喂？李科长，您好，我是小金。
Wéi? Lǐ kēzhǎng, nín hǎo, wǒ shì Xiǎo Jīn.

您现在__________吗？
Nín xiànzài __________ ma?

B 不好意思，我__________。
Bù hǎoyìsi, wǒ __________.

A 没关系，我不__________。
Méi guānxi, wǒ bù __________.

B 那我回公司后给您__________吧。
Nà wǒ huí gōngsī hòu gěi nín __________ ba.

실전 듣기 트레이닝 3

Step1 단어 알아보기

Track 18-06

단어	병음	뜻
出租	chūzū	ⓓ 세를 놓다
信息	xìnxī	ⓜ 정보, 소식
房租	fángzū	ⓜ 월세, 집세
听不清	tīng bu qīng	잘 들리지 않다
信号	xìnhào	ⓜ 신호

Step2 현지 회화 들어 보기

Track 18-07

상황 3 통화 신호가 좋지 않을 때

· 음원을 들으며 빈칸에 알맞은 표현을 써 보세요.

Ⓐ 喂？您好，我在网上看见您要______房子的

Wéi? Nín hǎo, wǒ zài wǎngshang kànjiàn nín yào ______ fángzi de

______，就给您打电话了。

______, jiù gěi nín dǎ diànhuà le.

Ⓑ 啊，对，我要出租房子。______。

À, duì, wǒ yào chūzū fángzi. ______.

Ⓐ 请问，______一个月多少钱?

Qǐngwèn, ______ yí ge yuè duōshao qián?

Ⓑ 喂?______您说话。我在______里，______不太好。

Wéi? ______ nín shuōhuà. Wǒ zài ______ li, ______ bú tài hǎo.

핵심 표현

부사 一直

1

一直占线。
Yìzhí zhànxiàn.
계속 통화 중이더라.

부사 '一直'는 '계속', '줄곧'이라는 의미로 동작이나 상태가 중간에 끊김 없이 계속 이어짐을 나타냅니다.

他一直都觉得结婚不是生活的必需品。
Tā yìzhí dōu juéde jiéhūn bú shì shēnghuó de bìxūpǐn.
그는 늘 결혼이 삶의 필수품이라고 생각하지 않아요.

必需品 bìxūpǐn 명 필수품

今年夏天一直下雨，很多地方都出现了水灾。
Jīnnián xiàtiān yìzhí xià yǔ, hěn duō dìfang dōu chūxiàn le shuǐzāi.
올 여름은 계속 비가 와서 많은 곳에 홍수가 났어요.

水灾 shuǐzāi 명 홍수

동사+个+목적어

2

咱们晚上一起吃个饭吧。
Zánmen wǎnshang yìqǐ chī ge fàn ba.
우리 저녁에 같이 식사하자.

'个'가 '동사+个+목적어'의 구조로 쓰일 경우 '어떠한 동작을 가볍게 하다'라는 의미를 나타냅니다.

他习惯吃完晚饭去散个步。
Tā xíguàn chīwán wǎnfàn qù sàn ge bù.
그는 저녁 먹고 산책하는 습관이 있어요.

你现在应该谈个恋爱，享受享受爱情。
Nǐ xiànzài yīnggāi tán ge liàn'ài, xiǎngshòu xiǎngshòu àiqíng.
당신은 지금 연애도 하고 사랑도 좀 즐겨야 해요.

享受 xiǎngshòu 동 즐기다, 누리다

형용사 方便

3

您现在说话方便吗?
Nín xiànzài shuōhuà fāngbiàn ma?
지금 통화하기 편하세요?

형용사 '方便'은 기본적으로 '편리하다'라는 의미 외에도 어떠한 동작을 하기에 시기나 시점, 상황이 적당한지를 나타낼 때도 쓰입니다.

有个车平时出去也方便。
Yǒu ge chē píngshí chūqu yě fāngbiàn.
차가 있으면 평소 외출하기도 편해요.

你现在要是打电话不方便，我可以待会儿再打。
Nǐ xiànzài yàoshi dǎ diànhuà bù fāngbiàn, wǒ kěyǐ dāi huìr zài dǎ.
지금 통화하기 불편하면, 내가 잠시 후에 다시 걸게요.

待会儿 dāi huìr
잠시 후에, 이따(가)

在……里

4

我在电梯里，信号不太好。
Wǒ zài diàntī li, xìnhào bú tài hǎo.
제가 엘리베이터 안이어서 신호가 그다지 좋지 않아요.

'在'가 '在……里'의 구조로 쓰일 경우 '~안에 있다'라는 의미를 나타냅니다. 또한 '在'는 뒤에 '上, 中, 下, 里' 등과 같은 방위 명사와 함께 쓰여 비교적 구체적인 위치를 설명해 주는 역할을 합니다.

你要找的人不在我们的管辖区里。
Nǐ yào zhǎo de rén bú zài wǒmen de guǎnxiá qū li.
당신이 찾고 싶은 사람은 우리의 관할 구역에 있지 않습니다.

管辖区 guǎnxiá qū
관할 구역, 관할 지역

请大家都在自己的位置上，不要乱动。
Qǐng dàjiā dōu zài zìjǐ de wèizhi shàng, búyào luàn dòng.
여러분 모두 자기 자리에 계시고 함부로 움직이지 마세요.

乱 luàn 형 어지럽다, 혼란하다

연습 문제

1 녹음을 듣고 해당 단어를 쓰세요. Track 18-08

① ______________________ ② ______________________

③ ______________________ ④ ______________________

2 문장을 듣고 내용이 맞으면 V, 틀리면 X를 표시하세요. Track 18-09

① 男的只打了一次电话。 (　　)

② 周末是男的爸爸的生日。 (　　)

③ 男的现在在公司。 (　　)

④ 女的现在在电梯里。 (　　)

3 녹음을 듣고 올바르게 해석한 문장에는 V, 틀리게 해석한 문장에는 X를 표시하세요. Track 18-10

① 나 출근해야 해서, 끊을게. (　　)

② 제가 지금 회의 중이에요. (　　)

③ 월세가 한 달에 얼마예요? (　　)

④ 제가 엘리베이터 안이어서 신호가 그다지 좋지 않아요. (　　)

4 녹음을 듣고 알맞은 대답을 고르세요.

Track 18-11

상황 1

1. 女的刚才为什么不接电话?

A 她手机占线 B 她手机丢了 C 她手机没电了 D 她手机坏了

2. 女的现在可能在哪儿?

A 公共汽车站 B 教室 C 办公室 D 机场

상황 2

3. 李科长现在在干什么?

A 开会 B 看电影 C 吃饭 D 开车

4. 男的什么时候再给女的打电话?

A 回家后 B 回公司后 C 下班后 D 明天

상황 3

5. 男的为什么给女的打电话?

A 他约女的吃饭 B 他要租房 C 他要买房子 D 他要卖房子

6. 女的为什么听不清男的说话?

A 手机没电了 B 在上课 C 信号不好 D 周围太吵了

19 我要两个标准间。
스탠다드 룸 두 개로 할게요.

학습 목표 호텔과 관련된 질문 및 표현을 알 수 있다.

핵심 표현 듣고 따라하기

Track 19-01

1. 四位的身份证请给我看一下。
Sì wèi de shēnfènzhèng qǐng gěi wǒ kàn yíxià.
네 분의 신분증 좀 보여 주세요.

2. 我的房卡忘在屋里了。
Wǒ de fángkǎ wàng zài wū li le.
카드키를 룸 안에 두고 나왔어요.

3. 那要扣多少钱?
Nà yào kòu duōshao qián?
그럼 얼마를 공제해야 하나요?

실전 듣기 트레이닝 1

Step1 단어 알아보기

Track 19-02

단어	병음	뜻
标准间	biāozhǔn jiān	스탠다드 룸
住	zhù	⑧ 숙박하다, 묵다, 살다

Step2 현지 회화 들어 보기

Track 19-03

상황 1 호텔 룸을 예약할 때

· 음원을 들으며 빈칸에 알맞은 표현을 써 보세요.

A 您好，我要两个＿＿＿＿＿＿＿＿。

Nín hǎo, wǒ yào liǎng ge ＿＿＿＿＿＿＿＿ .

B 您好，请问＿＿＿＿＿＿＿＿，＿＿＿＿＿＿＿＿？

Nín hǎo, qǐngwèn ＿＿＿＿＿＿＿＿ , ＿＿＿＿＿＿＿＿ ?

A 我们＿＿＿＿＿＿＿＿，＿＿＿＿＿＿＿＿。

Wǒmen ＿＿＿＿＿＿＿＿ , ＿＿＿＿＿＿＿＿ .

B 好的，两个标准间给您订好了。

Hǎo de, liǎng ge biāozhǔn jiān gěi nín dìnghǎo le.

＿＿＿＿＿＿＿＿请给我看一下。

＿＿＿＿＿＿＿＿ qǐng gěi wǒ kàn yíxià.

실전 듣기 트레이닝 2

Step1 단어 알아보기

Track 19-04

단어	병음	뜻
房卡	fángkǎ	명 카드키
屋	wū	명 방
多谢	duōxiè	동 대단히 감사하다

Step2 현지 회화 들어 보기

Track 19-05

상황 2 호텔 룸에 카드키를 두고 나왔을 때

· 음원을 들으며 빈칸에 알맞은 표현을 써 보세요.

A 您好，有什么＿＿＿＿＿＿？

Nín hǎo, yǒu shénme ＿＿＿＿＿＿ ?

B 我的＿＿＿＿＿＿忘在＿＿＿＿＿＿了。能帮我开一下门吗？

Wǒ de ＿＿＿＿＿＿ wàng zài ＿＿＿＿＿＿ le. Néng bāng wǒ kāi yíxià mén ma?

A ＿＿＿＿＿＿，您先用这张房卡，＿＿＿＿＿＿还给我们。

＿＿＿＿＿＿ , nín xiān yòng zhè zhāng fángkǎ, ＿＿＿＿＿＿ huán gěi wǒmen.

B 好的，＿＿＿＿＿＿。

Hǎo de, ＿＿＿＿＿＿ .

실전 듣기 트레이닝 3

Step1 단어 알아보기

Track 19-06

단어	병음	뜻
退房	tuì fáng	체크아웃하다
消费	xiāofèi	동 소비하다
杯面	bēi miàn	컵라면
扣	kòu	동 (세금 따위를) 공제하다, 빼다
押金	yājīn	명 보증금

Step2 현지 회화 들어 보기

Track 19-07

상황 3 호텔에서 체크아웃할 때

· 음원을 들으며 빈칸에 알맞은 표현을 써 보세요.

A 我要__________，五零幺号房间。

Wǒ yào __________ , wǔ líng yāo hào fángjiān.

B 好的。您__________了房间里的__________和两瓶啤酒。

Hǎo de. Nín __________ le fángjiān li de __________ hé liǎng píng píjiǔ.

A 是，那要__________？

Shì, nà yào __________ ?

B 一共一百块。这是退给您的__________，__________。

Yígòng yìbǎi kuài. Zhè shì tuì gěi nín de __________ , __________ .

핵심 표현

有를 이용한 연동문

1

您好，有什么可以帮您的?
Nín hǎo, yǒu shénme kěyǐ bāng nín de?
안녕하세요, 무엇을 도와드릴까요?

'有'를 이용한 연동문은 '동사[1](有)+목적어[1]+동사[2]+목적어[2]'의 구조로 쓰이며 '~할 ~가(이) 있다'라는 의미를 나타냅니다.

中国古代有个思想家叫孔子。
Zhōngguó gǔdài yǒu ge sīxiǎngjiā jiào Kǒngzǐ.
중국 고대에 공자라는 사상가가 있었어요.

思想家 sīxiǎngjiā 명 사상가

我有几个问题想问你。
Wǒ yǒu jǐ ge wèntí xiǎng wèn nǐ.
나는 당신에게 물어보고 싶은 질문이 몇 개 있어요.

동사+给

2

您先用这张房卡，用完还给我们。
Nín xiān yòng zhè zhāng fángkǎ, yòngwán huán gěi wǒmen.
우선 이 카드키를 쓰시고 나서, 저희에게 돌려주세요.

전치사 '给'는 '~에게'라는 의미로 동사 뒤에 쓰여 결과보어 역할을 합니다. 결과보어 '给' 앞에 자주 쓰이는 동사로는 '还, 借, 交, 递, 退, 寄' 등이 있습니다.

这是男朋友寄给我的礼物。
Zhè shì nán péngyou jì gěi wǒ de lǐwù.
이것은 남자 친구가 나에게 보낸 선물이에요.

寄 jì 동 보내다, (우편물을) 부치다

我上周借给他我的优盘，结果他弄丢了。
Wǒ shàng zhōu jiè gěi tā wǒ de yōupán, jiéguǒ tā nòngdiū le.
나는 지난주에 그에게 USB를 빌려줬는데, 그가 잃어버렸어요.

优盘 yōupán 명 USB

동사+在+장소

3

我的房卡忘在屋里了。
Wǒ de fángkǎ wàng zài wū li le.
카드키를 룸 안에 두고 나왔어요.

'在'는 동사의 뒤에 위치하여 결과 보어의 용법으로 사용되었으며, '동사+在+장소' 구조로 주어가 어느 장소에 있음을 나타냅니다.

我昨天买的衣服你放在哪儿了？
Wǒ zuótiān mǎi de yīfu nǐ fàng zài nǎr le?
내가 어제 산 옷 어디에 뒀어요?

他把全家福挂在了客厅的墙上。
Tā bǎ quánjiāfú guà zài le kètīng de qiáng shang.
그는 가족 사진을 거실 벽에 걸어 두었어요.

挂 guà 동 (고리 못 따위에) 걸다

명령문 请

这是退给您的押金，请收好。
Zhè shì tuì gěi nín de yājīn, qǐng shōuhǎo.
여기 반환된 보증금입니다. 받으세요.

'请'은 '~하세요'라는 뜻으로 상대방에게 정중하게 권할 때 쓰는 표현입니다. 명령문에서 종종 주어를 생략해서 말하기도 합니다.

请把桌子搬过去。
Qǐng bǎ zhuōzi bān guòqu.
책상을 옮겨 주세요.

请别跟我说这么见外的话。
Qǐng bié gēn wǒ shuō zhème jiànwài de huà.
나에게 이렇게 서먹서먹한 말을 하지 마세요.

见外 jiànwài 형 서먹서먹하다

연습 문제

1 녹음을 듣고 해당 단어를 쓰세요. Track 19-08

① ______________________ ② ______________________

③ ______________________ ④ ______________________

2 문장을 듣고 내용이 맞으면 V, 틀리면 X를 표시하세요. Track 19-09

① 女的现在在饭店。 (　　)

② 女的的房卡丢了。 (　　)

③ 女的来是要退房。 (　　)

④ 男的在给客人退押金。 (　　)

3 녹음을 듣고 올바르게 해석한 문장에는 V, 틀리게 해석한 문장에는 X를 표시하세요. Track 19-10

① 안녕하세요, 스탠다드 룸 두 개로 할게요. (　　)

② 안녕하세요, 무엇을 도와드릴까요? (　　)

③ 저 체크인하려고요. (　　)

④ 당신은 룸에 있는 와인과 맥주 두 병을 이용하셨습니다. (　　)

4 녹음을 듣고 알맞은 대답을 고르세요.

Track 19-11

상황 1

1 他们现在在哪儿?

A 超市 B 派出所 C 酒店 D 公安局

2 一共有几个人入住?

A 三个 B 四个 C 五个 D 六个

상황 2

3 女的可能是干什么的?

A 出租车司机 B 空姐 C 酒店服务员 D 修理工

4 女的给了男的什么东西?

A 房卡 B 锁头 C 银行卡 D 名片

상황 3

5 女的住儿号房?

A 501 B 508 C 901 D 904

6 女的吃了房间里的什么东西?

A 面包 B 糖 C 杯面 D 香肠

20 前方到站是首尔站。

이번 역은 서울역입니다.

학습 목표 안내 방송과 관련된 질문 및 표현을 알 수 있다.

핵심 표현 듣고 따라하기

Track 20-01

❶ 乘坐一号线，四号线的乘客，请在本站下车换乘。
Chéngzuò yī hào xiàn, sì hào xiàn de chéngkè, qǐng zài běn zhàn xià chē huànchéng.
1호선이나 4호선을 이용하실 승객께서는 이번 역에서 하차하시어 환승하십시오.

❷ 各位旅客请注意。
Gè wèi lǚkè qǐng zhùyì.
승객 여러분께 안내 말씀드립니다.

❸ 外出时请戴口罩。
Wàichū shí qǐng dài kǒuzhào.
외출 시에는 마스크를 착용해 주세요.

실전 듣기 트레이닝 1

Step1 단어 알아보기

Track 20-02

단어	병음	뜻
左侧	zuǒ cè	좌측, 왼쪽
乘坐	chéngzuò	동 탑승하다
换乘	huànchéng	동 환승하다
携带	xiédài	동 휴대하다, 소지하다
随身	suíshēn	형 몸에 지니다
物品	wùpǐn	명 물품
旅途	lǚtú	명 여정, 여행

Step2 현지 회화 들어 보기

Track 20-03

상황 1 지하철/열차 내 승하차 안내 방송

· 음원을 들으며 빈칸에 알맞은 표현을 써 보세요.

前方到站是首尔站，请从__________车门下车。

Qiánfāng dào zhàn shì Shǒu'ěr zhàn, qǐng cóng __________ chē mén xià chē.

__________一号线，四号线的乘客，

__________ yī hào xiàn, sì hào xiàn de chéngkè,

请在本站下车__________。

qǐng zài běn zhàn xià chē __________.

下车时请携带好__________。祝您__________愉快。

Xià chē shí qǐng xiédài hǎo __________. Zhù nín __________ yúkuài.

실전 듣기 트레이닝 2

Step1 단어 알아보기

Track 20-04

단어	병음	뜻
抱歉	bàoqiàn	동 미안해하다
由于	yóuyú	전 ~때문에
由	yóu	전 ~에서, ~로부터
所有	suǒyǒu	형 모든, 일체의
航班	hángbān	명 항공편
无法	wúfǎ	동 ~할 방법이 없다
深表歉意	shēn biǎo qiànyì	깊은 사과를 전하다
候机厅	hòu jī tīng	공항 대기실
等候	děnghòu	동 기다리다

Step2 현지 회화 들어 보기

Track 20-05

상황 2 공항 항공편 지연 안내 방송

· 음원을 들으며 빈칸에 알맞은 표현을 써 보세요.

各位旅客请______________，我们______________地通知您：

Gè wèi lǚkè qǐng ______________ , wǒmen ______________ de tōngzhī nín:

由于______________，由本机场出发的所有______________

Yóuyú ______________ , yóu běn jīchǎng chūfā de suǒyǒu ______________

都无法按时起飞。对此我们深表______________，

dōu wúfǎ ànshí qǐfēi. Duì cǐ wǒmen shēn biǎo ______________ ,

请在______________休息，等候通知，谢谢！

qǐng zài ______________ xiūxi, děnghòu tōngzhī, xièxie!

실전 듣기 트레이닝 3

Step1 단어 알아보기

Track 20-06

단어	병음	뜻
新型冠状病毒	xīnxíng guānzhuàng bìngdú	신종 코로나바이러스
感染	gǎnrǎn	동 감염하다, 전염되다
守则	shǒuzé	명 수칙
口罩	kǒuzhào	명 마스크
衣袖	yī xiù	옷 소매
遮挡	zhēdǎng	동 가리다
发热	fārè	동 열을 발하다
异常	yìcháng	형 이상하다
症状	zhèngzhuàng	명 증상
拨打	bōdǎ	동 (전화를) 걸다

Step2 현지 회화 들어 보기

Track 20-07

상황 3 코로나19 감염 예방수칙 안내 방송

· 음원을 들으며 빈칸에 알맞은 표현을 써 보세요.

下面为您介绍新型冠状病毒感染______________。

Xiàmiàn wèi nín jièshào xīnxíng guānzhuàng bìngdú gǎnrǎn ________ .

外出时请戴______________，回家后洗手______________，

Wàichū shí qǐng dài ________ , huí jiā hòu xǐshǒu ________ ,

咳嗽时请用______________遮挡。发现发热等______________时

késou shí qǐng yòng ________ zhēdǎng. Fāxiàn fārè děng ________ shí

请拨打______________。希望您与我们一起做好______________。

qǐng bōdǎ ________ . Xīwàng nín yǔ wǒmen yìqǐ zuòhǎo ________ .

핵심 표현

조사 地

1

我们抱歉地通知您。
Wǒmen bàoqiàn de tōngzhī nín.
죄송한 안내 말씀 전해드립니다.

조사 '地'는 '~한, ~하게'라는 의미로 뒤에 오는 술어(동사, 형용사)를 수식해 주는 역할을 합니다.

他不好意思地挠挠头，脸红了。
Tā bù hǎoyìsi de náonao tóu, liǎnhóng le.
그는 난처해하며 머리를 긁적이고, 얼굴이 붉어졌어요.

挠 náo ⓢ 가볍게 긁다, 긁적거리다

我看见哥哥在休息，就悄悄地走开了。
Wǒ kànjiàn gēge zài xiūxi, jiù qiāoqiāo de zǒukāi le.
나는 오빠가 쉬는 것을 보고, 살금살금 나왔어요.

悄 qiāo ⓗ 조용하다, 소리가 낮다

접속사 由于

2

由于天气原因，所有航班都无法按时起飞。
Yóuyú tiānqì yuányīn, suǒyǒu hángbān dōu wúfǎ ànshí qǐfēi.
날씨로 인해, 모든 항공편의 이륙이 지연되게 되었습니다.

접속사 '由于'는 '~로 인하여, ~때문에'라는 의미로 문장의 앞 절에 등장하며, 원인이나 이유를 말할 때 사용합니다.

由于车速太快，所以他出车祸了。
Yóuyú chēsù tài kuài, suǒyǐ tā chū chēhuò le.
차의 속도가 너무 빨라서 그는 교통사고를 당했어요.

车速 chēsù ⓜ 차의 속력
车祸 chēhuò ⓜ 교통사고

由于雾霾太严重，我咳嗽得很厉害。
Yóuyú wùmái tài yánzhòng, wǒ késou de hěn lìhai.
미세먼지가 너무 심해서 기침이 심해요.

雾霾 wùmái ⓜ 미세먼지, 스모그
咳嗽 késou ⓢ 기침하다

전치사 对

3

对此我们深表歉意。
Duì cǐ wǒmen shēn biǎo qiànyì.
이에 대해 깊은 사과의 뜻을 전해드립니다.

전치사 '对'는 '~에 대해'라는 의미로 동작이나 행위의 대상을 이끌어내는 역할을 합니다.

对这个问题，你必须要给我一个解释。
Duì zhège wèntí, nǐ bìxū yào gěi wǒ yí ge jiěshì.
이 문제에 대해서 당신은 반드시 저에게 설명을 해 주셔야 해요.

他还没对整个事件的过程了解透彻。
Tā hái méi duì zhěnggè shìjiàn de guòchéng liǎojiě tòuchè.
그는 아직 사건의 전체 과정을 완전히 이해하지 못하고 있어요.

透彻 tòuchè
형 투철하다

전치사 为

4

下面为您介绍新型冠状病毒感染预防守则。
Xiàmiàn wèi nín jièshào xīnxíng guānzhuàng bìngdú gǎnrǎn yùfáng shǒuzé.
다음으로 신종 코로나바이러스 감염 예방 수칙에 대해 알려드리겠습니다.

전치사 '为'는 '행위의 대상' 앞에 위치하여 '~에게, ~을(를) 위해'라는 뜻을 나타냅니다.

这是我专门为你准备的小惊喜。
Zhè shì wǒ zhuānmén wèi nǐ zhǔnbèi de xiǎo jīngxǐ.
이것은 내가 당신을 위해 특별히 준비한 서프라이즈예요.

专门 zhuānmén 부 일부러
惊喜 jīngxǐ 형 놀라고도 기뻐하다

他为未婚妻定做了一套婚纱。
Tā wèi wèihūnqī dìngzhì le yí tào hūnshā.
그는 약혼녀를 위해 웨딩드레스를 주문 제작했어요.

定做 dìngzuò 동 주문하여 만들다, 맞추다

연습 문제

1 녹음을 듣고 해당 단어를 쓰세요. Track 20-08

① ____________________ ② ____________________

③ ____________________ ④ ____________________

2 문장을 듣고 내용이 맞으면 V, 틀리면 X를 표시하세요. Track 20-09

① 现在马上要到首尔站了。 (　　)

② 在本站可以换乘二号线。 (　　)

③ 所有航班都按时起飞。 (　　)

④ 回家后洗手三十秒以上。 (　　)

3 녹음을 듣고 올바르게 해석한 문장에는 V, 틀리게 해석한 문장에는 X를 표시하세요. Track 20-10

① 내리실 문은 오른쪽입니다. (　　)

② 내리실 때는 휴대하신 물품을 잘 챙기시길 바랍니다. (　　)

③ 외출 시 모자를 착용해 주세요. (　　)

④ 기침할 때는 옷 소매로 가려 주세요. (　　)

4 녹음을 듣고 알맞은 대답을 고르세요.

Track 20-11

상황 1

1 这段话可能发生在哪里?

A 火车上 B 地铁上 C 飞机上 D 出租车上

2 下面哪项说法正确?

A 下一站是四号线 B 从左侧下车 C 说话人是司机

D 本站不能换乘

상황 2

3 现在飞机为什么不能起飞?

A 天气不好 B 飞机坏了 C 乘客太多 D 飞机还没来

4 下面哪项说法正确?

A 说话人在机场 B 飞机可以按时起飞 C 机场里有很多飞机

D 飞机取消了

상황 3

5 现在介绍的是什么?

A 洗手的方法 B 新冠病毒感染预防守则 C 预防感冒的方法

D 吃药的方法

6 发现发热等异常症状是要怎么做?

A 拨打1339咨询 B 呆在家 C 回家洗手 D 一起做预防工作

듣기 받아쓰기

중국어 듣기 트레이닝

1강 음원을 듣고 알맞은 문장을 써 보세요.

Track 21-01

1. ________ 真好吃。
너희 어머니께서 만드신 음식은 정말 맛있어.

2. 是吗？________，可以 ________。
그래? 네가 좋아하면, 우리 집에 자주 와서 먹어도 돼.

3. 那 ________ 吧。
그럼 너무 번거롭게 하는 거잖아.

4. 没事儿。你不知道，________。
괜찮아. 너 모르는구나, 우리 엄마는 손님 초대하는 것을 아주 좋아하셔.

5. 这是 ________。
이것은 우리가 너를 위해 준비한 선물이야.

6. ________ 啊！
무슨 선물을 또 준비하고 그랬어!

7. 这是 ________。
이것은 우리의 작은 정성이야.

8. ________ 是你吗？
이 사진 속의 사람이 너야?

9. 你长得 ________！
너 아빠랑 정말 똑같이 생겼다!

10. 是啊，________ 呢。
그래, 많은 사람들이 다 나인줄 알아.

2강 음원을 듣고 알맞은 문장을 써 보세요. Track 21-02

1. ______ 吗？
   너는 매일 다 도서관에 가니?

2. ______，我每天都去。
   일요일을 제외하고, 나는 매일 다 가.

3. 我 ______，我跟你一起去吧。
   나 모레 오후에 반차 내는데, 너랑 같이 갈게.

4. 我 ______。
   나 다음 주에 이사 가.

5. 你要 ______？
   어디로 이사 가려고?

6. 公司附近。______ 离公司 ______。
   회사 근처. 지금 집은 회사에서 너무 멀어.

7. 这些衣服 ______？
   이 옷들은 언제 산 거야?

8. 都 ______。
   다 어제 산 거야.

9. 上周 ______？
   지난주에도 사지 않았어?

10. 衣服 ______ 嘛。
    옷은 많을수록 좋은 거잖아.

3강 음원을 듣고 알맞은 문장을 써 보세요.

Track 21-03

1. 我要 ________ 。

아이스 아메리카노 한 잔 주세요.

2. 大杯还是小杯？ ________ ？

라지 사이즈요, 아니면 스몰 사이즈요? 여기에서 드세요, 아니면 테이크아웃하세요?

3. 大杯的吧， ________ ， ________ 。

라지 사이즈요, 얼음 적게요, 여기에서 마실게요.

4. 你买了 ________ ？

당신 이렇게 많은 물건을 샀어요?

5. 咱家 ________ 呢。

우리 집 냉장고에 아직 우유가 있어요.

6. 看 ________ 。

내 정신 좀 봐요.

7. 那 ________ 了。

그럼 우선 그것부터 마셔야겠어요.

8. 饭 ________ ，你 ________ 吧。

밥 벌써 식었어, 빨리 나와서 밥 먹어.

9. 你 ________ ，我就替你把电脑关了。

너 안 오면, 내가 대신 컴퓨터 끈다.

10. 来了来了，这 ________ 嘛！

가요, 가요, 지금 왔잖아요!

4강 음원을 듣고 알맞은 문장을 써 보세요.

Track 21-04

1. 这两条裤子 ______？
   이 두 바지 중에 어느 것이 더 예뻐?

2. 我觉得 ______ 好看点儿，你先 ______。
   내 생각에는 왼손에 있는 이것이 좀 더 예쁜 것 같아, 네가 우선 입어 봐봐.

3. 这条裤子 ______，还 ______。
   이 바지는 좀 작은 것 같아, 그리고 좀 짧고.

4. 这个题 ______ 吗？
   이 문제 알아 들었니?

5. 我 ______。
   이해하지 못했어요.

6. ______ 部分 ______？
   어느 부분을 이해 못했니?

7. 这两张照片 ______？
   이 두 사진 중에 어느 것이 더 예뻐?

8. 两张都好看，不过 ______。
   두 장 다 예쁜데, 뒤에 바다가 있는 것이 더 예뻐.

9. 这张表情 ______ 吗？我觉得看着 ______。
   이 사진은 표정이 이상하지 않아? 나는 좀 멍해 보이는 것 같아.

10. 我觉得 ______ 呢。
    내 생각에는 되게 귀여운 걸.

5강 음원을 듣고 알맞은 문장을 써 보세요. Track 21-05

1. 请问，这附近 ________ ？
   실례합니다, 이 근처에 화장실이 있나요?

2. 超市对面有个 ________ 。
   마트 맞은편에 공중화장실이 하나 있어요.

3. 那个 ________ ，现在不让用。
   그 화장실은 수리 중이라서, 지금 못 쓰게 하더라고요.

4. 我们 ________ 呢？
   우리 내일 어디에서 만날까?

5. ________ 王府井地铁站 ________ 吧。
   왕푸징 지하철역 3번 출구에서 보자.

6. 那儿人太多了，我怕 ________ 。
   거기 사람이 너무 많아서, 네가 나를 못 찾을까 봐 걱정돼.

7. ________ ，我就给你打电话。
   만약에 못 찾겠으면, 너에게 바로 전화할게.

8. ________ 吧，马上就登机了。
   비행기표 꺼내, 곧 탑승할거야.

9. 机票在这儿。哎？ ________ ？
   비행기표는 여기 있어. 어? 내 여권은?

10. ________ ，护照我拿着呢。
    당황하지 마, 여권 내가 가지고 있잖아.

6강 음원을 듣고 알맞은 문장을 써 보세요. Track 21-06

❶ 这些汉字 ______ 吗？

이 한자들 다 네가 쓴 거야?

❷ 对，我 ______ ？

맞아, 내가 쓴 거 어때?

❸ 进步神速，______ 了。

팍팍 느는구나, 예전보다 많이 좋아졌어.

❹ 我 ______ 写汉字呢。

나는 매일 한자 쓰기 연습을 하고 있거든.

❺ 你 ______ 还不起床？

너 왜 지금까지도 안 일어나는 거야?

❻ 我昨天 ______ 了，六点 ______ 。

저 어제 밤새워 숙제를 하고, 6시에 겨우 잤어요.

❼ 作业 ______ 啊。

숙제는 미리 해놔야지.

❽ 汉语 ______ 才能说得像你这么好？

중국어를 얼마나 배워야 너처럼 이렇게 잘 할 수 있는 거야?

❾ 你有什么秘诀吗？______ 啊？

너 무슨 비결있어? 나도 좀 가르쳐 줄래?

❿ 学习汉语最好的办法 ______ 。

중국어를 배우는 가장 좋은 방법은 바로 많이 듣고 많이 말하는 거야.

7강 음원을 듣고 알맞은 문장을 써 보세요.

Track 21-07

1. ______ 我的电话呢？

   왜 내 전화를 안 받는 거야?

2. 我 ______，手机调振动了，没听见。

   나 방금 샤워했어. 휴대 전화도 진동으로 해 놔서 못 들었어.

3. 我给你发邮件了，你 ______ 吧。

   내가 너에게 메일 보냈는데, 한 번 확인해 봐.

4. 我 ______ 打电话。

   내가 보고 바로 너에게 전화할게.

5. 这么晚了，______？

   이렇게 늦었는데, 너 아직도 안 잤어?

6. 明天有考试，我得 ______。

   내일 시험이 있어서, 준비를 좀 잘 해야 해.

7. 那也 ______。

   그래도 너무 늦지는 마.

8. 我的钱包 ______，身份证和信用卡 ______，怎么办？

   내 지갑이 안 보여, 신분증이랑 신용카드랑 다 그 안에 있는데, 어쩌지?

9. 你先 ______，好好儿 ______。

   우선 조급해하지 말고, 잘 좀 기억해 봐.

10. 最后 ______ 它？

    마지막에 지갑 어디에서 썼어?

8강 음원을 듣고 알맞은 문장을 써 보세요.

Track 21-08

1. 你 ________ 今天是我的生日？
   오늘이 내 생일이라는 것은 어떻게 알았어?

2. 你的生日是 ________！很好记。
   네 생일은 크리스마스 3일 전이잖아! 기억하기 쉬워.

3. 你也 ________ 吧，太谢谢你了。
   너도 참 세심하구나, 정말 고마워.

4. ________？我好紧张。
   왜 아직 시작을 안 하지? 나 너무 긴장돼.

5. 别紧张，________ 呢。
   긴장하지 마, 아직 5분 남았잖아.

6. 现在差五分九点，你的表 ________。
   지금 9시 5분 전이야, 네 시계가 10분 빠르네.

7. 我从下午一点 ________，到现在 ________。
   나 오후 1시부터 보고서 쓰기 시작해서, 지금에서야 다 썼어.

8. 现在五点半了，________。
   지금 5시 반이니, 곧 퇴근할 수 있겠다.

9. 我还得 ________，得晚点儿走。
   나는 또 내일 회의 준비를 해야 해서, 늦게 가야 해.

10. ________？
    내가 도와줄까?

9강 음원을 듣고 알맞은 문장을 써 보세요. Track 21-09

❶ 你们班 ______ ?

너희 반에 학생이 얼마나 있니?

❷ ______ 人。

모두 25명입니다.

❸ 正好二十五张试卷， ______ 吧。

딱 시험지가 25장이네, 네가 모두에게 좀 나누어 주렴.

❹ 今天 ______ ，二十四张就够了。

오늘 1명 안 왔어요. 24장이면 충분해요.

❺ ______ ！全场一折！

눈물의 바겐세일! 전품목 90% 할인!

❻ 这件T恤 ______ ?

이 티셔츠 어떻게 팔아요?

❼ 这也 ______ ！给我来两件。

이거 너무 싸네요! 두 벌 주세요.

❽ 我想考HSK四级， ______ ?

저 HSK 4급 시험을 보고 싶은데, 얼마나 공부해야 해요?

❾ ______ ，是吧？那三级多少分？

너 3급 통과했지, 그렇지? 그럼 3급 몇 점이었어?

❿ 哇，分数 ______ ，那准备四级，两三个月就够了吧。

와, 점수가 괜찮네, 그럼 4급 준비하는데 2, 3개월이면 충분할 거야.

10강 음원을 듣고 알맞은 문장을 써 보세요.

Track 21-10

❶ ________ 远吗？

여기에서 쇼핑몰이 멀어?

❷ 那 ________ ？

그럼 우리 어떻게 갈까?

❸ 现在正是 ________ ，坐公交车得一个多小时。

지금 딱 차 막히는 시간이라, 버스 타면 한 시간 넘게 걸려.

❹ ________ 很好看。

듣자 하니 이 영화 재미있데.

❺ 我 ________ 看电影，正忙着写论文呢。

내가 영화 볼 시간이 어디 있니, 논문 쓰느라 바쁘다고.

❻ 你不是说 ________ ？

너 곧 다 써간다고 말하지 않았어?

❼ 哪儿啊，教授 ________ 。

아니야, 교수님이 다시 쓰라고 하셨어.

❽ ________ 一家火锅店，你知道吗？

회사 맞은편에 훠궈 가게가 하나 새로 오픈했던데, 너 알고 있어?

❾ 听说 ________ 呢。

듣자 하니 거기 지금 행사하고 있대.

❿ 要不我们 ________ ？

아니면 우리 오늘 퇴근하고 갈까?

11강 음원을 듣고 알맞은 문장을 써 보세요.

Track 21-11

❶ 天有点儿阴了，＿＿＿＿了。

날씨가 좀 흐리네, 곧 비가 올 것 같아.

❷ 我＿＿＿＿了，这下完了。

나 나올 때 우산 챙기는 거 깜빡했는데, 큰일났네.

❸ 我这儿＿＿＿＿，借你吧。

나한테 예비용이 하나 있으니, 빌려줄게.

❹ 你看，＿＿＿＿！

보세요, 밖에 눈이 아주 많이 와요!

❺ ＿＿＿＿都白了，真漂亮。

온 세상이 다 하얘졌네, 정말 예쁘다.

❻ 我们＿＿＿＿，留个纪念！

우리 나가서 사진 찍어요, 기념으로 남겨요!

❼ 可是外边太冷了，戴上＿＿＿＿。

그런데 밖이 너무 추우니, 모자 쓰고 나가자.

❽ 今天沙尘暴好严重，都＿＿＿＿。

오늘 황사가 너무 심해서, 사람이 다 안 보여.

❾ 是啊，我都＿＿＿＿。

그러게, 나는 차 몰고 올 엄두도 나지 않더라.

❿ 这次沙尘暴＿＿＿＿？

이번 황사는 언제 그칠 수 있을까?

12강 음원을 듣고 알맞은 문장을 써 보세요.

Track 21-12

❶ 老师，黑板上 ______ 都是作业吗？

선생님, 칠판 위에 쓴 저 문제들이 다 숙제인가요?

❷ ______ 就行了。

한 문제만 골라서 하면 돼.

❸ 下周一早上 ______。

다음 주 월요일 아침에 과대표가 좀 걷어줘.

❹ 听说你家孩子 ______ 了？

듣자 하니 너희집 아들이 올해 초등학교 다닌다면서?

❺ 你儿子 ______ 吗？

네 아들이 벌써 이렇게 컸어?

❻ ______，我也觉得他长得太快了。

그러게 말이야, 나도 걔가 빨리 자라는 것 같아.

❼ 没想到 ______。

이렇게 빨리 졸업하게 될 줄은 생각도 못했어.

❽ 是啊，______。

그래, 시간이 정말 빠르다.

❾ 毕业后 ______？

졸업한 후에 너는 무슨 계획이 있니?

❿ 我可 ______ 了，我想找工作。

나는 공부를 계속 하고 싶지 않아. 나는 일을 찾고 싶어.

13강 음원을 듣고 알맞은 문장을 써 보세요.

Track 21-13

1. 你今天 ________ 啊？
   너 오늘 왜 이렇게 일찍 왔어?

2. 今天下午 ________ ，我必须做好准备。
   오늘 오후에 중요한 미팅이 있어서, 준비를 잘 해야 하거든.

3. 我 ________ 。
   나 긴장돼서 잠이 안 오더라고.

4. 你 ________ 发一下这个材料。
   이 자료 좀 모두에게 나눠 주세요.

5. ________ ，您还得主持面试。
   회의 끝난 후에, 면접도 진행하셔야 합니다.

6. 那 ________ 往前提三十分钟吧。
   그럼 회의 시간을 30분 앞당깁시다.

7. 我通知大家 ________ 。
   제가 회의가 10시 반에 시작한다고 모두에게 알리겠습니다.

8. 为了 ________ ，我们还是过去看看吧。
   문제를 좀 일찍 해결하기 위해서, 우리가 가서 좀 보는 것이 좋겠어요.

9. 主要是 ________ 。
   가장 큰 이유는 그가 아직 별로 경험이 없다는 거예요.

10. 那我先打个电话，问问 ________ 。
    그럼 제가 우선 전화를 걸어서 지금 상황을 좀 물어볼게요.

14강 음원을 듣고 알맞은 문장을 써 보세요.

Track 21-14

1. 请问，您 ______ ？

   실례지만, 지금 주문하시겠습니까?

2. 我在等朋友， ______ 吧。

   제가 친구를 기다리고 있어서, 그가 오면 다시 주문하겠습니다.

3. ______ 您再叫我。

   필요한 것 있으면 다시 불러 주세요.

4. 麻烦您 ______ 看一下。

   죄송하지만 우선 메뉴판 좀 보여 주세요.

5. ______ ，给您上一下菜。

   실례하겠습니다. 음식 세팅해 드릴게요.

6. 没有凉的了， ______ ，可以吗？

   차가운 것은 없고, 상온의 것만 있는데, 괜찮으세요?

7. 那就 ______ 一下，等一会儿再拿来也行。

   그럼 좀 차갑게 얼려 주시고, 조금 있다가 갖다주셔도 됩니다.

8. 你看， ______ 。

   보세요, 이 음식에 머리카락이 있어요.

9. 不好意思，我们 ______ 。

   죄송합니다. 저희가 다시 바꿔 드릴게요.

10. ______ 啊！给我们退钱吧。

    이것을 또 어떻게 먹어요! 환불해 주세요.

15강 음원을 듣고 알맞은 문장을 써 보세요.

Track 21-15

❶ 这双不错，但是 ______ 。

이 신발 괜찮은데, 좀 발에 꽉 끼네요.

❷ 您 ______ 这双，这双 ______ 。

이걸로 신어보세요, 이것은 한 치수 큰 거예요.

❸ 这双 ______ 。

이것은 크기가 딱 맞네요.

❹ 您要的包 ______ 。

원하시는 가방은 지금 재고가 없습니다.

❺ 我们可以帮您 ______ ，再邮到您家。

저희가 인터넷으로 주문해서, 집으로 배송해 드릴 수 있어요.

❻ 那我 ______ 。

그럼 우선 돈을 낼게요.

❼ 前几天我在你们店里 ______ 。

며칠 전에 제가 여기에서 모자를 하나 샀어요.

❽ 发票 ______ 。

영수증을 못 찾았어요.

❾ 没有发票 ______ 。

영수증이 없으면 환불해 드릴 수 없을 것 같아요.

❿ 我先看看 ______ 。

제가 우선 저희 쪽 기록을 좀 볼게요.

16강 음원을 듣고 알맞은 문장을 써 보세요.

Track 21-16

1. 你 ______？

어디가 불편하세요?

2. 我 ______ 发烧，嗓子疼。

제가 어젯밤부터 열이 나고, 목이 아파요.

3. 我给你 ______，你按时吃。

약을 좀 처방해 드릴 테니, 제시간에 드세요.

4. 我 ______，昨天吃的海鲜好像不新鲜。

나 먹은 게 배탈 났어, 어제 먹은 해산물이 신선하지 않았나 봐.

5. 这个季节 ______ 啊。

이 계절에는 해산물을 먹을 때 조심해야 해.

6. 你快 ______ 吧。

얼른 병원에 가서 좀 봐 봐.

7. 怎么样？______ 吗？

어떠세요? 몸 좀 좋아지셨나요?

8. ______，感觉轻松多了。

주사 맞고 나니, 한결 가벼워졌어요.

9. 那您 ______ 吧。

그럼 내일 바로 퇴원하세요.

10. 但您的血压 ______，药还 ______ 停。

하지만 혈압이 그래도 좀 높으니, 약은 아직 멈추시면 안 돼요.

17강 음원을 듣고 알맞은 문장을 써 보세요.

Track 21-17

❶ 您知道 ______ ?

베이징 호텔 어떻게 가는지 아시나요?

❷ 这条路，走到头， ______ 。

이 길을 끝까지 가셔서, 좌회전하면 바로 베이징 호텔입니다.

❸ 离这儿远吗？ ______ ?

여기에서 먼가요? 얼마나 걸어야 해요?

❹ 走 ______ 。

5분만 걸아가면 바로 도착해요.

❺ 银行 ______ 吗？

은행이 길가에 있나요?

❻ ______ 看见银行的牌子。

멀리서 은행의 간판이 보일 거예요.

❼ 那边咖啡厅旁边 ______ 。

저쪽 커피숍 옆에 에스컬레이터가 있어요.

❽ 上去 ______ 。

올라가서 우회전하세요.

❾ 那儿 ______ 。

거기에 표지판이 있어요.

❿ 你 ______ 走就行了。

표지판대로 가시면 돼요.

18강 음원을 듣고 알맞은 문장을 써 보세요.

Track 21-18

1. 我给你打电话，______。
   내가 너에게 전화했는데, 계속 통화 중이더라.

2. ______？
   무슨 일인데?

3. 咱们 ______ 吧。
   우리 저녁에 같이 식사하자고.

4. 我 ______，______。
   나 탑승해야 해서, 끊을게.

5. 您现在 ______ 吗？
   지금 통화하기 편하세요?

6. ______，我正在 ______。
   미안해요, 제가 지금 운전 중이에요.

7. 那我 ______ 给您 ______ 吧。
   그럼 제가 회사 가서 전화드릴게요.

8. 我在网上看见 ______ 的信息，就给您打电话了。
   제가 인터넷에서 방 내놓으신 거 보고, 전화드렸습니다.

9. 喂？______。
   여보세요? 말씀하시는 게 잘 안 들려요.

10. 我在电梯里，______。
    제가 엘리베이터 안이어서 신호가 그다지 좋지 않아요.

19강 음원을 듣고 알맞은 문장을 써 보세요.

Track 21-19

1. 我们 ________，________。

우리 모두 네 명이에요, 3일 묵어요.

2. 两个标准间 ________。

스탠다드 룸 두 개 예약해드렸어요.

3. 四位的身份证 ________。

네 분의 신분증 좀 보여 주세요.

4. 您好，________？

안녕하세요, 무엇을 도와드릴까요?

5. 我的房卡 ________。

카드키를 룸 안에 두고 나왔어요.

6. 您先用这张房卡，________。

우선 이 카드키를 쓰시고 나서, 저희에게 돌려주세요.

7. ________，五零幺号房间。

저 체크아웃하려고요, 501호 방입니다.

8. ________ 房间里的杯面和两瓶啤酒。

룸에 있는 컵라면과 맥주 두 병을 이용하셨습니다.

9. 那 ________？

그럼 얼마를 공제해야 하나요?

10. 这是 ________，请收好。

여기 반환된 보증금입니다, 받으세요.

20강 음원을 듣고 알맞은 문장을 써 보세요.

Track 21-20

1. 请 ________ 下车。

   내리실 문은 왼쪽입니다.

2. 请 ________ 下车 ________。

   이번 역에서 하차하여 환승하십시오.

3. 下车时请携带好 ________。

   내리실 때는 휴대하신 물품을 잘 챙기시길 바랍니다.

4. 各位旅客请注意，我们 ________。

   승객 여러분께 죄송한 안내 말씀 전해드립니다.

5. 由本机场出发的航班都 ________。

   본 공항에서 출발하는 모든 항공편의 이륙이 지연되게 되었습니다.

6. 对此我们 ________。

   이에 대해 깊은 사과의 뜻을 전해드립니다.

7. ________ 新型冠状病毒感染预防守则。

   다음으로 신종 코로나바이러스(코로나 19) 감염 예방 수칙에 대해 알려드리겠습니다.

8. 外出时 ________，回家后洗手三十秒以上。

   외출 시 마스크를 착용해 주시고, 집에 돌아와서는 30초 이상 손 씻기를 하세요.

9. 发现 ________ 请拨打1339咨询。

   발열 등의 이상 증상 발견 시 1339로 전화하여 문의하세요.

10. 希望 ________ 疾病预防工作。

    저희와 함께 질병 예방을 잘 해주시길 바랍니다.

듣기 받아쓰기 정답

중국어 듣기 트레이닝

듣기 받아쓰기 정답

1강 p.169

① 你妈妈做的菜

② 要是你喜欢，常来我家吃

③ 太麻烦你们了

④ 我妈可好客呢

⑤ 我们给你准备的礼物

⑥ 还准备什么礼物

⑦ 我们的一点儿心意

⑧ 这张照片上的人

⑨ 跟你爸真像

⑩ 好多人都以为是我

2강 p.170

① 你每天都去图书馆

② 除了周日

③ 后天下午请半天假

④ 下个星期搬家

⑤ 搬到哪儿

⑥ 现在的家，太远了

⑦ 是什么时候买的

⑧ 是昨天买的

⑨ 不是也买了吗

⑩ 越多越好

3강 p.171

① 一杯冰美式

② 在这儿喝还是带走

③ 少冰，在这儿喝

④ 这么多东西

⑤ 冰箱里还有牛奶

⑥ 我这记性

⑦ 得先把那瓶喝

⑧ 都凉了, 快出来吃饭

⑨ 再不来

⑩ 不是来了

4강 p.172

① 哪条更好看

② 左手里的这条, 试试吧

③ 好像有点儿瘦, 有点儿短

④ 你听明白了

⑤ 没明白

⑥ 哪个, 没明白

⑦ 哪张更好看

⑧ 后边有海的更好看

⑨ 不奇怪, 有点儿呆

⑩ 挺可爱的

5강 p.173

① 有卫生间吗

② 公共卫生间

③ 卫生间正在修理呢

④ 明天在哪儿见

⑤ 在，三号出口见

⑥ 你找不着我

⑦ 要是找不着

⑧ 机票拿出来

⑨ 我护照呢

⑩ 别慌别慌

6강 p.174

① 都是你写的

② 写得怎么样

③ 比以前好多

④ 每天都练习

⑤ 怎么到现在

⑥ 开夜车写作业，才睡

⑦ 要提前做好

⑧ 要学多久

⑨ 能不能也教教我

⑩ 就是多听多说

7강 p.175

① 怎么不接

② 刚才洗澡了

③ 确认一下

④ 看了就给你

⑤ 还没睡

⑥ 好好儿准备一下

⑦ 别太晚了

⑧ 不见了，都在里面呢

⑨ 别着急，回忆一下

⑩ 在哪儿用过

8강 p.176

① 怎么知道

② 圣诞节前三天嘛

③ 太有心了

④ 怎么还不开始

⑤ 还有五分钟

⑥ 快了十分钟

⑦ 开始写报告，才写完

⑧ 马上就能下班了

⑨ 准备明天的会议

⑩ 需要我帮忙吗

9강 p.177

① 有多少学生
② 一共二十五个
③ 你给大家发一下
④ 有一个没来
⑤ 挥泪大甩卖
⑥ 怎么卖
⑦ 太便宜了
⑧ 要学多长时间
⑨ 你过三级了
⑩ 还不错

10강 p.178

① 从这儿到商场
② 咱们怎么去
③ 堵车的时间
④ 听说这部电影
⑤ 哪儿有时间
⑥ 快要写完了吗
⑦ 让我重新写
⑧ 公司对面新开了
⑨ 那儿现在搞活动
⑩ 今天下班就去

11강 p.179

① 好像要下雨
② 出门忘带伞
③ 有一把备用的
④ 外边雪好大
⑤ 整个世界
⑥ 出去拍照吧
⑦ 帽子再出去吧
⑧ 看不见人了
⑨ 没敢开车来
⑩ 什么时候能停

12강 p.180

① 写的那些题
② 选一道做
③ 课代表收一下
④ 今年上小学
⑤ 都这么大了
⑥ 可不是
⑦ 这么快就要毕业
⑧ 时间过得真快
⑨ 你有什么打算
⑩ 不想继续学习

13강 p.181

① 怎么来得这么早

② 有个重要会议

③ 紧张得都失眠了

④ 帮我给大家

⑤ 会议结束后

⑥ 把开会时间

⑦ 会议十点半开始

⑧ 早点儿解决问题

⑨ 他还没什么经验

⑩ 现在的情况

14강 p.182

① 现在点菜吗

② 等他来我们再点

③ 有需要

④ 先拿菜单给我

⑤ 打扰一下

⑥ 只有常温的

⑦ 先给我们冰镇

⑧ 这菜里有头发

⑨ 再给您换一盘吧

⑩ 这还怎么吃

15강 p.183

① 有点儿挤脚

② 试试，大一号

③ 大小正合适

④ 现在没有货了

⑤ 在网上订货

⑥ 先交钱吧

⑦ 买了一顶帽子

⑧ 我没找着

⑨ 可能退不了

⑩ 我们这边的记录

16강 p.184

① 哪儿不舒服

② 从昨天晚上开始

③ 开点儿药

④ 吃坏肚子了

⑤ 吃海鲜要小心

⑥ 去医院看看

⑦ 身体好点儿了

⑧ 打完针以后

⑨ 明天就出院

⑩ 还是有点儿高，不能

17강 p.185

① 北京饭店怎么走吗
② 左转就是北京饭店
③ 得走多长时间
④ 五分钟就能到
⑤ 就在路边
⑥ 老远就能
⑦ 有个扶梯
⑧ 往右拐
⑨ 有标志牌
⑩ 按着标志牌

18강 p.186

① 一直占线
② 找我什么事儿
③ 晚上一起吃个饭
④ 要登机了，挂了
⑤ 说话方便
⑥ 不好意思，开车
⑦ 回公司后，回电话
⑧ 您要出租房子
⑨ 听不清您说话
⑩ 信号不太好

19강 p.187

① 一共四个人，住三天
② 给您订好了
③ 给我看一下
④ 有什么可以帮您的
⑤ 忘在屋里了
⑥ 用完还给我们
⑦ 我要退房
⑧ 您消费了
⑨ 要扣多少钱
⑩ 退给您的押金

20강 p.188

① 从左侧车门
② 在本站，换乘
③ 随身物品
④ 抱歉地通知您
⑤ 无法按时起飞
⑥ 深表歉意
⑦ 下面为您介绍
⑧ 请戴口罩
⑨ 发热等异常症状时
⑩ 您与我们一起做好

녹음 대본 및 **정답**

01

▶ 9~11쪽

상황 1

做的菜 zuò de cài, 要是 Yàoshi,
常来 cháng lái, 麻烦 máfan,
好客 hàokè

상황 2

生日快乐 shēngrì kuàilè,
准备 zhǔnbèi, 什么礼物 shénme lǐwù,
心意 xīnyì, 请 qǐng

상황 3

照片 zhàopiàn, 年轻 niánqīng,
长 zhǎng, 像 xiàng, 以为 yǐwéi

▶ 14~15쪽

1. ① 好客 ② 准备 ③ 心意 ④ 以为

   ① 好客 ② 准备 ③ 心意 ④ 以为

2. ① X ② X ③ V ④ V

   ① 你妈妈做的菜真好吃。
   ② 要是你喜欢，可以常来我家吃。
   ③ 谢谢大家！还准备什么礼物啊！
   ④ 这张照片上的人是你吗？

3. ① X ② V ③ X ④ V

   ① 我妈可好客呢。
   ② 这是我们给你准备的礼物。
   ③ 今天我请大家喝咖啡吧！
   ④ 你长得跟你爸真像！

4. ① D ② D ③ A ④ C ⑤ D ⑥ C

상황 1

女：你妈妈做的菜真好吃。
너희 어머니께서 만드신 음식은 정말 맛있어.

男：是吗？要是你喜欢，可以常来我家吃。
그래? 네가 좋아하면, 우리 집에 자주 와서 먹어도 돼.

女：那太麻烦你们了吧。
그럼 너무 번거롭게 하는 거잖아.

男：没事儿。你不知道，我妈可好客呢。
괜찮아. 너 모르는구나, 우리 엄마는 손님 초대하는 것을 아주 좋아하셔.

상황 2

男：小丽，生日快乐！这是我们给你准备的礼物。
샤오리, 생일 축하해! 이것은 우리가 너를 위해 준비한 선물이야.

女：谢谢大家！还准备什么礼物啊！
모두 고마워! 무슨 선물을 또 준비하고 그랬어!

男：这是我们的一点儿心意。
이것은 우리의 작은 정성이야.

女：好吧，那今天我请大家喝咖啡吧！
알겠어, 그럼 오늘은 내가 모두에게 커피를 살게!

상황 3

女：这张照片上的人是你吗？
이 사진 속의 사람이 너야?

男：不，是年轻时候的我爸。
아니, 젊었을 때의 우리 아빠셔.

女：你长得跟你爸真像！
너 아빠랑 정말 똑같이 생겼다!

男：是啊，好多人都以为是我呢。
그래, 많은 사람들이 다 나인줄 알아.

02

▶ 17~19쪽

상황 1

每天 měi tiān, 除了 Chúle,
请半天假 qǐng bàntiān jià, 行 Xíng

상황 2

搬家 bānjiā, 到 dào, 离 lí, 远 yuǎn,
来回 láihuí

상황 3

衣服 yīfu, 昨天 zuótiān,
上周 shàng zhōu, 越 yuè, 越 yuè

▶ 22~23쪽

1. ① 除了 ② 请假 ③ 上下班 ④ 来回

① 除了 ② 请假 ③ 上下班 ④ 来回

2. ① X ② V ③ X ④ V

① 除了周日，我每天都去图书馆。
② 我后天下午请半天假，我跟你一起去吧。
③ 我下个星期搬家。
④ 衣服越多越好嘛。

3. ① X ② V ③ V ④ X

① 你每天都去图书馆吗？
② 现在的家离公司太远了。
③ 上下班来回时间太长了。
④ 衣服越多越好嘛。

4. ① D ② C ③ B ④ C ⑤ D ⑥ C

상황 1

男：你每天都去图书馆吗？
너는 매일 다 도서관에 가니?

女：除了周日，我每天都去。
일요일 말고, 나는 매일 다 가.

男：我后天下午请半天假，我跟你一起去吧。
나 모레 오후에 반차 내는데, 너랑 같이 갈게.

女：行，那后天见。
좋아, 그럼 모레 만나.

상황 2

女：我下个星期搬家。
나 다음 주에 이사 가.

男：你要搬到哪儿？
어디로 이사 가려고?

女：公司附近。现在的家离公司太远了。
회사 근처. 지금 집은 회사에서 너무 멀어.

男：是有点儿远，上下班来回时间太长了。
좀 멀기는 하지, 출퇴근 왕복 시간이 너무 길어.

상황 3

男：这些衣服是什么时候买的？
이 옷들은 언제 산 거야?

女：都是昨天买的。
다 어제 산 거야.

男：你又买了这么多，上周不是也买了吗？
너 또 이렇게 많이 샀어, 지난주에도 사지 않았어?

女：那有什么的！衣服越多越好嘛。
그게 뭐 어때서! 옷은 많을수록 좋은 거잖아.

03

▶ 25 ~ 27쪽

상황 1

喝 hē, 冰美式 bīng měi shì,
在这儿喝 Zài zhèr hē, 带走 dàizǒu,
少冰 shǎo bīng

상황 2

东西 dōngxi, 新鲜 xīnxiān,
冰箱 bīngxiāng, 把 bǎ

상황 3

凉 liáng, 马上 mǎshàng, 再不 zài bù,
替 tì, 这不是 zhè bú shì

▶ 30 ~ 31쪽

1. ① 新鲜 ② 记性 ③ 凉 ④ 来回

① 新鲜 ② 记性 ③ 凉 ④ 来回

2. ① V ② X ③ V ④ X

① 我要一杯冰美式。
② 今天水果不新鲜，就没买。
③ 咱家冰箱里还有牛奶呢。
④ 饭都凉了，你快出来吃饭吧。

3. ① X ② V ③ V ④ X

① 您好，您喝什么？
② 在这儿喝还是带走？
③ 你买了这么多东西？
④ 你再不来，我就替你把电脑关了。

4. ① D ② D ③ B ④ A ⑤ C ⑥ A

상황 1

女：您好，您喝什么？
안녕하세요, 무엇을 드시겠습니까?

男：我要一杯冰美式。
아이스 아메리카노 한 잔 주세요.

女：大杯还是小杯？在这儿喝还是带走？
라지 사이즈요, 아니면 스몰 사이즈요? 여기에서 드세요, 아니면 테이크아웃하세요?

男：大杯的吧，少冰，在这儿喝。
라지 사이즈요, 얼음 적게요, 여기에서 마실게요.

상황 2

男：你买了这么多东西？都买什么了？
당신 이렇게 많은 물건을 샀어요? 모두 무엇을 샀어요?

女：面包，鸡蛋，还有牛奶。今天水果不新鲜，就没买。
빵, 계란, 그리고 우유요. 오늘 과일은 신선하지 않아서, 안 샀어요.

男：咱家冰箱里还有牛奶呢。
우리 집 냉장고에 아직 우유가 있어요.

女：啊？看我这记性。那得先把那瓶喝了。
아? 내 정신 좀 봐요. 그럼 우선 그것부터 마셔야겠어요.

상황 3

女：饭都凉了，你快出来吃饭吧。
밥 벌써 식었어, 빨리 나와서 밥 먹어.

男：好，马上来。
알겠어요, 금방 갈게요.

女：你再不来，我就替你把电脑关了。
너 안 오면, 내가 대신 컴퓨터 끈다.

男：来了来了，这不是来了嘛！
가요, 가요, 지금 왔잖아요!

04

▶ 33 ~ 35쪽

상황 1

裤子 kùzi, 左手 zuǒshǒu,
有点儿瘦 yǒudiǎnr shòu,
有点儿短 yǒudiǎnr duǎn,
另一条 lìng yì tiáo

상황 2

明白 míngbai, 没明白 méi míngbai,
哪个 Nǎge, 单词 dāncí

상황 3

照片 zhàopiàn, 后边 hòubian
表情 biǎoqíng, 挺可爱的 tǐng kě'ài de

▶ 38 ~ 39쪽

1. ① 瘦 ② 部分 ③ 表情 ④ 奇怪

① 瘦 ② 部分 ③ 表情 ④ 奇怪

2. ① X ② X ③ X ④ V

① 我觉得左手里的这条好看点儿，你先试试吧。
② 这条裤子好像有点儿瘦，还有点儿短。
③ 我没明白。
④ 这里，这个单词是什么意思？

3. ① V ② X ③ V ④ V

① 这两条裤子哪条更好看？
② 那你再试试另一条吧。
③ 这个题你听明白了吗？
④ 两张照片都好看，不过后边有海的更好看。

4. ① B ② A ③ D ④ A ⑤ C ⑥ D

상황 1

男：这两条裤子哪条更好看？
이 두 바지 중에 어느 것이 더 예뻐?

女：我觉得左手里的这条好看点儿，你先试试吧。
내 생각에는 왼손에 있는 이것이 좀 더 예쁜 것 같아. 네가 우선 입어 봐봐.

男：这条裤子好像有点儿瘦，还有点儿短。
이 바지는 좀 작은 것 같아. 그리고 좀 짧고.

女：那你再试试另一条吧，我再帮你看看。
그럼 다시 다른 거 입어 봐봐. 내가 다시 봐 줄게.

상황 2

女：这个题你听明白了吗？
이 문제 알아 들었니?

男：我没明白。
이해하지 못했어요.

女：哪个部分没明白？
어느 부분을 이해 못했니?

男：这里，这个单词是什么意思？
여기요. 이 단어가 무슨 뜻이에요?

상황 3

男：这两张照片哪张更好看？
이 두 사진 중에 어느 것이 더 예뻐?

女：两张都好看，不过后边有海的更好看。
두 장 다 예쁜데, 뒤에 바다가 있는 것이 더 예뻐.

男：这张表情不奇怪吗？我觉得看着有点儿呆。
이 사진은 표정이 이상하지 않아? 나는 좀 멍해 보이는 것 같아.

女：不奇怪，我觉得挺可爱的呢。
안 이상해. 내 생각에는 되게 귀여운 걸.

05

▶ 41~43쪽

상황 1

卫生间 wèishēngjiān,
超市对面 Chāoshì duìmiàn,
不让用 bú ràng yòng,
不知道了 bù zhīdào le

상황 2

在哪儿见 zài nǎr jiàn,
三号出口 sān hào chūkǒu,
找不着 zhǎo bu zháo,
打电话 dǎ diànhuà

상황 3

登机 dēng jī, 机票 Jī piào,
护照 hùzhào,
别慌别慌 Bié huāng bié huāng

▶ 46~47쪽

1. ① 附近 ② 找不着 ③ 护照 ④ 慌

① 附近 ② 找不着 ③ 护照 ④ 慌

2. ① V ② X ③ V ④ X

① 请问，这附近有卫生间吗？
② 我们明天在哪儿见呢？
③ 在王府井地铁站三号出口见吧。
④ 十二点半。机票拿出来吧，马上就登机了。

3. ① X ② V ③ V ④ X

① 超市对面有个公共卫生间。
② 那个卫生间正在修理呢，现在不让用。
③ 马上就登机了。
④ 别慌别慌，护照我拿着呢。

4. ① D ② A ③ B ④ D ⑤ D ⑥ B

상황 1

女：请问，这附近有卫生间吗？
실례합니다. 이 근처에 화장실이 있나요?

男：超市对面有个公共卫生间。
마트 맞은편에 공중화장실이 하나 있어요.

女：那个卫生间正在修理呢，现在不让用。
그 화장실은 수리 중이라서, 지금 못 쓰게 하더라고요.

男：那我也不知道了。
그럼 저도 모르겠어요.

상황 2

男：我们明天在哪儿见呢？
우리 내일 어디에서 만날까?

女：在王府井地铁站三号出口见吧。
왕푸징 지하철역 3번 출구에서 보자.

男：那儿人太多了，我怕你找不着我。
거기 사람이 너무 많아서, 네가 나를 못 찾을까 봐 걱정돼.

女：要是找不着，我就给你打电话。
만약에 못 찾겠으면, 너에게 바로 전화할게.

상황 3

女：几点开始登机？
몇 시에 탑승 시작이지?

男：十二点半。机票拿出来吧，马上就登机了。
12시 반이야. 비행기표 꺼내, 곧 탑승할 거야.

女：机票在这儿。哎？我护照呢？
비행기표는 여기 있어. 어? 내 여권은?

男：别慌别慌，护照我拿着呢。
당황하지 마. 여권 내가 가지고 있잖아.

06

▶ 49 ~ 51쪽

상황 1

汉字 Hànzì, 怎么样 zěnmeyàng, 以前 yǐqián, 练习 liànxí

상황 2

起床 qǐchuáng, 开夜车 kāi yèchē, 提前做好 tíqián zuòhǎo, 睡一会儿 shuì yíhuìr

상황 3

多久 duō jiǔ, 差 chà, 教教 jiāojiao, 办法 bànfǎ

▶ 54 ~ 55쪽

1. ① 神速 ② 提前 ③ 秘诀 ④ 教

① 神速 ② 提前 ③ 秘诀 ④ 教

2. ① X ② V ③ X ④ X

① 进步神速，比以前好多了。
② 我每天都练习写汉字呢。
③ 我昨天开夜车写作业了，六点才睡。
④ 学习汉语最好的办法就是多听多说。

3. ① V ② X ③ V ④ X

① 这些汉字都是你写的吗？
② 你怎么到现在还不起床？
③ 汉语要学多久才能说得像你这么好？
④ 你有什么秘诀吗？

4. ① C ② A ③ B ④ D ⑤ D ⑥ C

상황 1

男：这些汉字都是你写的吗？
이 한자들 다 네가 쓴 거야?

女：对，我写得怎么样？
맞아, 내가 쓴 거 어때?

男：进步神速，比以前好多了。
팍팍 느는구나, 예전보다 많이 좋아졌어.

女：真的？我每天都练习写汉字呢。
정말? 나는 매일 한자 쓰기 연습을 하고 있거든.

상황 2

女：你怎么到现在还不起床？
너 왜 지금까지도 안 일어나는 거야?

男：我昨天开夜车写作业了，六点才睡。
저 어제 밤새워 숙제를 하고, 6시에 겨우 잤어요.

女：什么？开夜车？作业要提前做好啊。
뭐? 밤을 샜다고? 숙제는 미리 해 놔야지.

男：妈，知道了，让我再睡一会儿吧。
엄마, 알겠어요, 우선 좀 더 자게 해 주세요.

상황 3

男：汉语要学多久才能说得像你这么好？
중국어를 얼마나 배워야 너처럼 이렇게 잘 할 수 있는 거야?

女：我也还差得远呢。
나도 아직 멀었어.

男：你有什么秘诀吗？能不能也教教我啊？
너 무슨 비결 있어? 나도 좀 가르쳐 줄래?

女：没什么秘诀。学习汉语最好的办法就是多听多说。
별 비결은 없어. 중국어를 배우는 가장 좋은 방법은 바로 많이 듣고 많이 말하는 거야.

07

▶ 57 ~ 59쪽

상황 1

接 jiē, 洗澡 xǐzǎo, 发邮件 fā yóujiàn, 看了 kàn le

상황 2

还没睡 hái méi shuì, 考试 kǎoshì, 有精神 yǒu jīngshen, 马上 mǎshàng

상황 3

钱包 qiánbāo, 怎么了 zěnme le, 信用卡 xìnyòngkǎ, 回忆 huíyì

▶ 62 ~ 63쪽

1. ① 振动 ② 精神 ③ 身份证 ④ 着急

① 振动 ② 精神 ③ 身份证 ④ 着急

2. ① V ② X ③ V ④ V

① 你忙吗？怎么不接我的电话呢？
② 手机调振动了，没听见。
③ 明天有考试，我得好好儿准备一下。
④ 我的钱包不见了，身份证和信用卡都在里面呢，怎么办？

3. ① V ② X ③ X ④ V

① 怎么不接我的电话呢？
② 我给你发邮件了，你确认一下吧。
③ 睡好了，明天考试才有精神。
④ 你先别着急，好好儿回忆一下。

4. ① C ② A ③ A ④ D ⑤ B ⑥ B

상황 1

女：你忙吗？怎么不接我的电话呢？
너 바빠? 왜 내 전화를 안 받는 거야?

男：不好意思，我刚才洗澡了，手机调振动了，没听见。有什么事吗？
미안해, 나 방금 샤워했어, 휴대 전화를 진동으로 해 놔서 못 들었어. 무슨 일 있어?

女：我给你发邮件了，你确认一下吧。
내가 너에게 메일 보냈는데, 한 번 확인해 봐.

男：好，我看了就给你打电话。
알겠어, 내가 보고 바로 너에게 전화할게.

상황 2

男：这么晚了，你还没睡？
이렇게 늦었는데, 너 아직도 안 잤어?

女：明天有考试，我得好好儿准备一下。
내일 시험이 있어서, 준비를 좀 잘 해야 해.

男：那也别太晚了。睡好了，明天考试才有精神。
그래도 너무 늦지는 마. 잠을 푹 자야 내일 시험 볼 때 기운이 나지.

女：好好好，你先睡吧，我马上就睡。
알겠어, 너 먼저 자, 나 금방 잘게.

상황 3

女：你看见我的钱包了吗？
너 내 지갑 봤니?

男：我没看见，怎么了？
못 봤는데, 왜 그래?

女：我的钱包不见了，身份证和信用卡都在里面呢，怎么办？
내 지갑이 안 보여, 신분증이랑 신용카드랑 다 그 안에 있는데, 어쩌지?

男：你先别着急，好好儿回忆一下。最后在哪儿用过它？
우선 조급해 하지 말고, 잘 좀 기억해 봐. 마지막에 지갑 어디에서 썼어?

08

▶ 65~67쪽

상황 1

生日快乐 shēngrì kuàilè, 知道 zhīdao, 前三天 qián sān tiān, 有心 yǒuxīn

상황 2

紧张 jǐnzhāng, 五分钟 wǔ fēnzhōng, 九点零五分 jiǔ diǎn líng wǔ fēn, 差 chà, 快 kuài

상황 3

下午一点 xiàwǔ yī diǎn, 辛苦你了 Xīnkǔ nǐ le, 会议 huìyì, 帮忙 bāngmáng

▶ 70~71쪽

1. ① 有心 ② 差 ③ 报告 ④ 需要

   ① 有心 ② 差 ③ 报告 ④ 需要

2. ① V ② X ③ X ④ X

   ① 你怎么知道今天是我的生日？
   ② 你的生日是圣诞节前三天嘛，很好记。
   ③ 我从下午一点开始写报告，到现在才写完。
   ④ 现在五点半了，马上就能下班了。

3. ① V ② X ③ X ④ V

   ① 你也太有心了吧。
   ② 你的表快了十分钟。
   ③ 现在五点半了，马上就能下班了。
   ④ 我还得准备明天的会议，得晚点儿走。

4. ① A ② A ③ B ④ D ⑤ C ⑥ B

상황 1

男：祝你生日快乐！
생일 축하해!

女：你怎么知道今天是我的生日？
오늘이 내 생일이라는 것은 어떻게 알았어?

男：你的生日是圣诞节前三天嘛！很好记。
네 생일은 크리스마스 3일 전이잖아! 기억하기 쉬워.

女：你也太有心了吧，太谢谢你了。
너도 참 세심하구나. 정말 고마워.

상황 2

女：怎么还不开始？我好紧张。
왜 아직 시작을 안하지? 나 너무 긴장돼.

男：别紧张，还有五分钟呢。
긴장하지 마. 아직 5분 남았잖아.

女：是吗？可是现在都九点零五分了。
그래? 그런데 지금 벌써 9시 5분이 됐는데.

男：你看，现在差五分九点，你的表快了十分钟。
봐, 지금 9시 5분 전이야. 네 시계가 10분 빠르네.

상황 3

男：我从下午一点开始写报告，到现在才写完。
나 오후 1시부터 보고서 쓰기 시작해서, 지금에서야 다 썼어.

女：辛苦你了。现在五点半了，马上就能下班了。
수고했어. 지금 5시 반이니, 곧 퇴근할 수 있겠다.

男：我还得准备明天的会议，得晚点儿走。
나는 또 내일 회의 준비를 해야 해서, 늦게 가야 해.

女：需要我帮忙吗？
내가 도와줄까?

09

▶ 73 ~ 75쪽

상황 1

班 bān, 男生 nánshēng,
女生 nǚshēng, 正好 Zhènghǎo,
发 fā, 够了 gòu le

상황 2

甩卖 shuǎimài,
全场一折 Quán chǎng yì zhé,
件 jiàn, 十块钱 shí kuài qián,
便宜 piányi

상황 3

考 kǎo, 过 guò, 听力 Tīnglì,
阅读 yuèdú, 书写 shūxiě,
两三个月 liǎng sān ge yuè

▶ 78 ~ 79쪽

1. ① 正好 ② 试卷 ③ 全场 ④ 阅读

① 正好 ② 试卷 ③ 全场 ④ 阅读

2. ① X ② V ③ V ④ X

① 我们班男生十三个，女生十二个，一共二十五个人。
② 老师，今天有一个没来，二十四张就够了。
③ 挥泪大甩卖！全场一折！大家快来看看啊！
④ 哇，分数还不错，那准备四级，两三个月就够了吧。

3. ① V ② V ③ V ④ X

① 正好二十五张试卷。
② 您好，十块钱给您两件。
③ 我想考 HSK 四级，要学多长时间？
④ 那准备四级，两三个月就够了吧。

4. ① A ② C ③ A ④ C ⑤ A ⑥ C

상황 1

女：你们班有多少学生？
너희 반에 학생이 얼마나 있니?

男：我们班男生十三个，女生十二个，一共二十五个人。
우리 반에 남학생 13명, 여학생 12명, 모두 25명입니다.

女：正好二十五张试卷，你给大家发一下吧。
딱 시험지가 25장이네, 네가 모두에게 좀 나누어 주렴.

男：老师，今天有一个没来，二十四张就够了。
선생님, 오늘 1명 안 왔어요. 24장이면 충분해요.

상황 2

男：挥泪大甩卖！全场一折！大家快来看看啊！
눈물의 바겐세일! 전품목 90% 할인! 모두 얼른 오셔서 보세요!

女：这件 T 恤怎么卖？
이 티셔츠 어떻게 팔아요?

男：您好，十块钱给您两件。
안녕하세요, 10위안에 두 벌 드릴게요.

女：这也太便宜了！给我来两件。
이거 너무 싸네요! 두 벌 주세요.

상황 3

女：老师，我想考 HSK 四级，要学多长时间？
선생님, 저 HSK 4급 시험을 보고 싶은데, 얼마나 공부해야 해요?

男：你过三级了，是吧？那三级多少分？
너 3급 통과했지, 그렇지? 그럼 3급 몇 점이었어?

女：听力九十二，阅读九十三，书写八十，一共二百六十五分。
듣기 92점, 독해 93점, 쓰기 80점, 모두 265점이요.

男：哇，分数还不错，那准备四级，两三个月就够了吧。
와, 점수가 괜찮네, 그럼 4급 준비하는데 2, 3개월이면 충분할 거야.

10

▶ 81 ~ 83쪽

상황 1

商场 shāngchǎng, 有点儿 yǒudiǎnr, 公交车 gōngjiāochē, 堵车 dǔchē

상황 2

听说 Tīngshuō, 哪儿 nǎr, 论文 lùnwén, 快要 kuàiyào, 重新 chóngxīn, 崩溃 bēngkuì

상황 3

对面 duìmiàn, 火锅店 huǒguō diàn, 昨天 zuótiān, 搞活动 gǎo huódòng, 要不 yàobù

▶ 86 ~ 87쪽

1. ① 论文 ② 重新 ③ 活动 ④ 要不

① 论文 ② 重新 ③ 活动 ④ 要不

2. ① V ② X ③ V ④ X

① 现在正是堵车的时间，坐公交车得一个多小时。我们坐地铁去吧。
② 听说这部电影很好看，咱们今天晚上就去看吧。
③ 我哪儿有时间看电影，正忙着写论文呢。
④ 公司对面新开了一家火锅店，你知道吗？

3. ① V ② X ③ V ④ X

① 从这儿到商场远吗？
② 现在正是堵车的时间，坐公交车得一个多小时。
③ 听说这部电影很好看，咱们今天晚上就去看吧。
④ 要不我们今天下班就去？

4. ① D ② C ③ B ④ A ⑤ D ⑥ A

상황 1

男：从这儿到商场远吗？
여기에서 쇼핑몰이 멀어?

女：嗯，有点儿远。
응, 좀 멀어.

男：那咱们怎么去？坐公交车去还是坐地铁去？
그럼 우리 어떻게 갈까? 버스 타고 갈까, 아니면 지하철 타고 갈까?

女：现在正是堵车的时间，坐公交车得一个多小时。我们坐地铁去吧。
지금 딱 차 막히는 시간이라, 버스 타면 한 시간 넘게 걸려. 우리 지하철 타고 가자.

상황 2

女：听说这部电影很好看，咱们今天晚上就去看吧。
듣자 하니 이 영화 재미있대, 우리 오늘 저녁에 가서 보자.

男：我哪儿有时间看电影，正忙着写论文呢。
내가 영화 볼 시간이 어디 있니, 논문 쓰느라 바쁘다고.

女：你不是说快要写完了吗？
너 곧 다 써간다고 말하지 않았어?

男：哪儿啊，教授让我重新写，我都要崩溃了。
아니야, 교수님이 다시 쓰라고 하셨어. 나 멘탈이 나갈 것 같아.

상황 3

男：公司对面新开了一家火锅店，你知道吗？
회사 맞은편에 훠궈 가게가 하나 새로 오픈했던데, 너 알고 있어?

女：我昨天上班的时候看到了，还挺大呢。
어제 출근할 때 봤는데, 꽤 크더라.

男：听说那儿现在搞活动呢，咱们也去看看吧。
듣자 하니 거기 지금 행사하고 있대, 우리도 가서 좀 보자.

女：好啊，要不我们今天下班就去？
좋아, 아니면 우리 오늘 퇴근하고 갈까?

11

▶ 89 ~ 91쪽

상황 1

阴 yīn，有雨 yǒu yǔ，
出门 chūmén，借 jiè，还 huán

상황 2

雪好大 xuě hǎo dà，整个 zhěnggè，
拍照 pāizhào，帽子 màozi

상황 3

沙尘暴 shāchénbào，敢 gǎn，
停 tíng，大概 Dàgài

▶ 94 ~ 95쪽

1. ① 忘 ② 备用 ③ 世界 ④ 大概

① 忘 ② 备用 ③ 世界 ④ 大概

2. ① V ② X ③ X ④ X

① 天有点儿阴了，好像要下雨了。
② 我出门忘带伞了，这下完了。
③ 妈，你看，外边雪好大！
④ 我都没敢开车来。

3. ① X ② V ③ X ④ V

① 天气预报说，今天下午有雨。
② 我们出去拍照吧，留个纪念！
③ 可是外边太冷了，戴上帽子再出去吧。
④ 今天沙尘暴好严重，都看不见人了。

4. ① C ② A ③ B ④ C ⑤ D ⑥ D

상황 1

女：天有点儿阴了，好像要下雨了。
날씨가 좀 흐리네, 곧 비가 올 것 같아.

男：天气预报说，今天下午有雨。
일기예보에서 오늘 오후에 비 온다고 했어.

女：我出门忘带伞了，这下完了。
나 나올 때 우산 챙기는 거 깜빡했는데, 큰일 났네.

男：我这儿有一把备用的，借你吧，下次还我就行。
나한테 예비용이 하나 있으니, 빌려줄게, 다음에 돌려주면 돼.

상황 2

男：妈，你看，外边雪好大！
엄마, 보세요, 밖에 눈이 아주 많이 와요!

女：是啊，整个世界都白了，真漂亮。
그러게, 온 세상이 다 하얘졌네, 정말 예쁘다.

男：我们出去拍照吧，留个纪念！
우리 나가서 사진 찍어요, 기념으로 남겨요!

女：好的，可是外边太冷了，戴上帽子再出去吧。
좋아, 그런데 밖이 너무 추우니, 모자 쓰고 나가자.

상황 3

女：今天沙尘暴好严重，都看不见人了。
오늘 황사가 너무 심해서, 사람이 다 안 보여.

男：是啊，我都没敢开车来。
그러게, 나는 차 몰고 올 엄두도 나지 않더라.

女：这次沙尘暴什么时候能停？
이번 황사는 언제 그칠 수 있을까?

男：大概一个星期吧。
대략 일주일 정도겠지.

12

▶ 97~99쪽

상황 1

黑板 hēibǎn，题 tí，
一道 yí dào，交 jiāo，
下周一早上 Xià zhōu yī zǎoshang

상황 2

小学 xiǎoxué，初二 chū èr，
这么大了 zhème dà le，
可不是 Kěbúshi，长 zhǎng

상황 3

毕业 bìyè，毕业 bìyè，打算 dǎsuan，
考研 kǎoyán，继续 jìxù

▶ 102~103쪽

1. ① 题 ② 收 ③ 长 ④ 考研

① 题 ② 收 ③ 长 ④ 考研

2. ① X ② V ③ X ④ X

① 老师，黑板上写的那些题都是作业吗？
② 下周一早上课代表收一下。好，下课吧。
③ 他都初二了。
④ 我可不想继续学习了。

3. ① V ② X ③ X ④ V

① 下周一早上课代表收一下。
② 没想到这么快就要毕业了。
③ 我可能准备考研。
④ 我想找工作。

4. ① A ② A ③ B ④ D ⑤ A ⑥ C

상황 1

男：老师，黑板上写的那些题都是作业吗？
선생님, 칠판 위에 쓴 저 문제들이 다 숙제인가요?

女：选一道做就行了。
한 문제만 골라서 하면 돼.

男：什么时候交？
언제 제출해요?

女：下周一早上课代表收一下。好，下课吧。
다음 주 월요일 아침에 과대표가 좀 걷어줘. 자, 수업 마치자.

상황 2

女：听说你家孩子今年上小学了？
듣자 하니 너희 집 아들이 올해 초등학교 다닌다면서?

男：不，他都初二了。
아니야, 걔는 벌써 중학교 2학년이야.

女：你儿子都这么大了吗？
네 아들이 벌써 이렇게 컸어?

男：可不是，我也觉得他长得太快了。
그러게 말이야, 나도 걔가 빨리 자라는 것 같아.

상황 3

男：没想到这么快就要毕业了。
이렇게 빨리 졸업하게 될 줄은 생각도 못했어.

女：是啊，时间过得真快。毕业后你有什么打算？
그래, 시간이 정말 빠르다. 졸업한 후에 너는 무슨 계획이 있니?

男：我可能准备考研。
나는 아마 대학원 시험을 준비할 것 같아.

女：我可不想继续学习了，我想找工作。
나는 공부를 계속 하고 싶지 않아. 나는 일을 찾고 싶어.

13

▶ 105 ~ 107쪽

상황 1

怎么 zěnme，
重要会议 zhòngyào huìyì，必须 bìxū，
领导 lǐngdǎo，项目 xiàngmù，
紧张 jǐnzhāng，失眠 shīmián

상황 2

材料 cáiliào，结束 jiéshù，
面试 miànshì，往前提 wǎng qián tí，
通知 tōngzhī

상황 3

为了 Wèile，还是 háishi，
担心 dānxīn，经验 jīngyàn，
打个电话 dǎ ge diànhuà，
情况 qíngkuàng

▶ 110 ~ 111쪽

1. ① 领导 ② 主持 ③ 面试 ④ 担心

① 领导 ② 主持 ③ 面试 ④ 担心

2. ① V ② X ③ V ④ V

① 今天下午有个重要会议，我必须做好准备。
② 我紧张得都失眠了。
③ 那把开会时间往前提三十分钟吧。
④ 那我先打个电话，问问现在的情况。

3. ① X ② V ③ X ④ V

① 你今天怎么来得这么早啊？
② 你帮我给大家发一下这个材料。
③ 我通知大家会议十点半开始。
④ 你还担心小李解决不了吗？

4. ① B ② A ③ A ④ B ⑤ C ⑥ B

상황 1

女：你今天怎么来得这么早啊？
너 오늘 왜 이렇게 일찍 왔어?

男：今天下午有个重要会议，我必须做好准备。
오늘 오후에 중요한 미팅이 있어서, 준비를 잘 해야 하거든.

女：啊，上次领导说的那个项目吗？
아, 지난번에 팀장님이 말씀하신 그 프로젝트구나?

男：对，我紧张得都失眠了。
맞아, 나 긴장돼서 잠이 안 오더라고.

상황 2

男：你帮我给大家发一下这个材料。
이 자료 좀 모두에게 나눠 주세요.

女：好的。会议结束后，您还得主持面试。
네. 회의 끝난 후에, 면접도 진행하셔야 합니다.

男：那把开会时间往前提三十分钟吧。
그럼 회의 시간을 30분 앞당깁시다.

女：那好，我通知大家会议十点半开始。
그래요, 제가 회의가 10시 반에 시작한다고 모두에게 알리겠습니다.

상황 3

女：为了早点儿解决问题，我们还是过去看看吧。
문제를 좀 일찍 해결하기 위해서, 우리가 가서 좀 보는 것이 좋겠어요.

男：你还担心小李解决不了吗？
아직도 샤오리가 해결하지 못할까 봐 걱정되세요?

女：主要是他还没什么经验。
가장 큰 이유는 그가 아직 별로 경험이 없다는 거예요.

男：行，那我先打个电话，问问现在的情况。
좋아요, 그럼 제가 우선 전화를 걸어서 지금 상황을 좀 물어볼게요.

14

▶ 113~115쪽

상황 1

点菜 diǎn cài，等 děng，等 děng，需要 xūyào，麻烦 Máfan，菜单 càidān

상황 2

上一下菜 shàng yíxià cài，两瓶啤酒 liǎng píng píjiǔ，凉 liáng，常温 chángwēn，冰镇 bīngzhèn

상황 3

头发 tóufa，换一盘 huàn yì pán，退钱 tuì qián，处理 chǔlǐ

▶ 118~119쪽

1. ① 需要 ② 打扰 ③ 常温 ④ 处理

① 需要 ② 打扰 ③ 常温 ④ 处理

2. ① V ② V ③ X ④ X

① 我在等朋友，等他来我们再点吧。
② 打扰一下，给您上一下菜。
③ 那就先给我们冰镇一下，等一会儿再拿来也行。
④ 服务员，你看，这菜里有头发。

3. ① V ② X ③ X ④ X

① 请问，您现在点菜吗？
② 麻烦您先拿菜单给我看一下。
③ 再给我们两瓶啤酒。
④ 给我们退钱吧。

4. ① C ② B ③ C ④ A ⑤ B ⑥ D

🎧 상황 1

男：请问，您现在点菜吗？
실례지만, 지금 주문하시겠습니까?

女：我在等朋友，等他来我们再点吧。
제가 친구를 기다리고 있어서, 그가 오면 다시 주문하겠습니다.

男：好，有需要您再叫我。
네, 필요한 것 있으면 다시 불러 주세요.

女：麻烦您先拿菜单给我看一下。
죄송하지만 우선 메뉴판 좀 보여 주세요.

🎧 상황 2

女：打扰一下，给您上一下菜。
실례하겠습니다. 음식 세팅해 드릴게요.

男：再给我们两瓶啤酒。
맥주 두 병 더 주세요.

女：没有凉的了，只有常温的，可以吗？
차가운 것은 없고, 상온의 것만 있는데, 괜찮으세요?

男：那就先给我们冰镇一下，等一会儿再拿来也行。
그럼 좀 차갑게 얼려 주시고, 조금 있다가 갖다주셔도 됩니다.

🎧 상황 3

男：服务员，你看，这菜里有头发。
종업원, 보세요. 이 음식에 머리카락이 있어요.

女：不好意思，我们再给您换一盘吧。
죄송합니다. 저희가 다시 바꿔 드리겠습니다.

男：这还怎么吃啊！给我们退钱吧。
이것을 또 어떻게 먹어요! 환불해 주세요.

女：真是对不起，现在马上给您处理。
정말 죄송합니다. 지금 바로 처리해 드리겠습니다.

15

▶ 121 ~ 123쪽

상황 1

鞋 xié，打八折 dǎ bā zhé，
挤脚 jǐ jiǎo，大一号 dà yí hào，
大小正合适 dàxiǎo zhèng héshì

상황 2

没有货 méiyǒu huò，
那怎么办 Nà zěnme bàn，
订货 dìnghuò，先交钱 xiān jiāo qián

상황 3

一顶帽子 yì dǐng màozi，发票 fāpiào，
没找着 méi zhǎozháo，
退不了 tuì bu liǎo

▶ 126 ~ 127쪽

1. ① 挤脚 ② 合适 ③ 订货 ④ 顶

🎧 ① 挤脚 ② 合适 ③ 订货 ④ 顶

2. ① X ② V ③ V ④ V

🎧 ① 现在我们店内的鞋都打八折。
② 不好意思，您要的包现在没有货了。
③ 你好，前几天我在你们店里买了一顶帽子，现在想退。
④ 没有发票可能退不了。

3. ① X ② X ③ V ④ V

🎧 ① 现在我们店内的鞋都打八折。
② 这双不错，但是有点儿挤脚。
③ 您要的包现在没有货了。
④ 发票我没找着。

4. ① B ② A ③ A ④ D ⑤ C ⑥ B

상황 1

女：现在我们店内的鞋都打八折，有喜欢的试试看吧。
지금 저희 매장 내 신발은 모두 20% 세일입니다. 마음에 드는 것이 있으면 신어 보세요.

男：这双不错，但是有点儿挤脚。
이 신발 괜찮은데, 좀 발에 꽉 끼네요.

女：您试试这双，这双大一号。
이걸로 신어 보세요. 이것은 한 치수 큰 거예요.

男：这双大小正合适。我就要这双了。
이것은 크기가 딱 맞네요. 저 이걸로 할게요.

상황 2

男：不好意思，您要的包现在没有货了。
죄송한데요, 원하시는 가방은 지금 재고가 없습니다.

女：那怎么办？
그럼 어떻게 해요?

男：我们可以帮您在网上订货，再邮到您家，您看可以吗？
저희가 인터넷으로 주문해서, 집으로 배송해 드릴 수 있는데, 어떠세요?

女：也行。那我先交钱吧。
그것도 괜찮네요. 그럼 우선 돈을 낼게요.

상황 3

女：你好，前几天我在你们店里买了一顶帽子，现在想退。
안녕하세요, 며칠 전에 제가 여기에서 모자를 하나 샀는데요, 지금 환불하고 싶어서요.

男：好的，您有发票吗？
알겠습니다, 영수증 있으신가요?

女：发票我没找着。
영수증을 못 찾았어요.

男：没有发票可能退不了。我先看看我们这边的记录。
영수증이 없으면 환불해 드릴 수 없을 것 같아요. 제가 우선 저희 쪽 기록을 좀 볼게요.

16

▶ 129 ~ 131쪽

상황 1

舒服 shūfu，发烧 fāshāo，
嗓子疼 sǎngzi téng，流感 liúgǎn，
按时 ànshí

상황 2

没精神 méi jīngshen，
坏肚子 huài dùzi，海鲜 hǎixiān，
季节 jìjié，你帮我 nǐ bāng wǒ

상황 3

身体 Shēntǐ，打完针 dǎwán zhēn，
出院 chūyuàn，血压 xuèyā，大夫 dàifu

▶ 134 ~ 135쪽

1. ① 发烧 ② 流感 ③ 海鲜 ④ 季节

① 发烧 ② 流感 ③ 海鲜 ④ 季节

2. ① X ② V ③ X ④ X

① 我从昨天晚上开始发烧，嗓子疼。
② 你这是流感。我给你开点儿药，你按时吃。
③ 我吃坏肚子了，昨天吃的海鲜好像不新鲜。
④ 那您明天就出院吧。

3. ① X ② V ③ V ④ V

① 我从昨天晚上开始发烧，嗓子疼。
② 我给你开点儿药，你按时吃。
③ 这个季节吃海鲜要小心啊。
④ 吃了你开的药，打完针之后，感觉轻松多了。

4. ① B ② A ③ C ④ B ⑤ B ⑥ C

🎧 상황 1

男：你哪儿不舒服？
어디가 불편하세요?

女：我从昨天晚上开始发烧，嗓子疼。
제가 어젯밤부터 열이 나고, 목이 아파요.

男：你这是流感。我给你开点儿药，你按时吃。
독감입니다. 약을 좀 처방해 드릴 테니, 제시간에 드세요.

女：好的，谢谢，医生。
네, 감사합니다, 의사 선생님.

🎧 상황 2

女：你今天怎么这么没精神？
너 오늘 왜 이렇게 기운이 없어?

男：我吃坏肚子了，昨天吃的海鲜好像不新鲜。
나 먹은 게 배탈 났어, 어제 먹은 해산물이 신선하지 않았나 봐.

女：这个季节吃海鲜要小心啊，你快去医院看看吧。
이 계절에는 해산물을 먹을 때 조심해야 해, 얼른 병원에 가서 좀 봐 봐.

男：行，你帮我叫个滴滴吧。
알겠어, 콜택시 좀 불러줘 봐.

🎧 상황 3

男：怎么样？身体好点儿了吗？
어떠세요? 몸 좀 좋아지셨나요?

女：好多了，吃了你开的药，打完针以后，感觉轻松多了。
많이 좋아졌어요. 처방해 주신 약 먹고, 주사 맞고 나니, 한결 가벼워졌어요.

男：那您明天就出院吧。但您的血压还是有点儿高，药还不能停。
그럼 내일 바로 퇴원하세요. 하지만 혈압이 그래도 좀 높으니, 약은 아직 멈추시면 안 돼요.

女：能出院？太好了！谢谢，大夫。
퇴원할 수 있다고요? 너무 잘 됐네요! 고맙습니다, 의사 선생님.

17

▶ 137~139쪽

상황 1

北京饭店 Běijīng Fàndiàn,
走到头 zǒu dào tóu,
左转 zuǒ zhuǎn,
离这儿远吗 Lí zhèr yuǎn ma,
五分钟 wǔ fēnzhōng

상황 2

工商银行 Gōngshāng Yínháng,
红绿灯 hóng-lǜdēng,
过马路 guò mǎlù，路边 lù biān,
路边 lù biān，牌子 páizi

상황 3

地铁站 dìtiě zhàn,
咖啡厅旁边 kāfēitīng pángbiān,
扶梯 fútī，往右拐 wǎng yòu guǎi,
看见地铁站 kànjiàn dìtiě zhàn,
标志牌 biāozhì pái,
按着标志牌 ànzhe biāozhì pái

▶ 142~143쪽

1. ① 红绿灯 ② 牌子 ③ 旁边 ④ 拐

🎧 ① 红绿灯 ② 牌子 ③ 旁边 ④ 拐

2. ① X ② X ③ V ④ V

🎧 ① 您好，您知道北京饭店怎么走吗？
② 不远，走五分钟就能到。
③ 你往前走，有个红绿灯。
④ 那边咖啡厅旁边有个扶梯，上去往右拐。

3. ① X ② V ③ V ④ X

🎧 ① 这条路，走到头，左转就是北京饭店。
② 走五分钟就能到。
③ 过马路就是工商银行。
④ 右拐就能看见地铁站吗？

4. ① D ② C ③ A ④ D ⑤ D ⑥ C

🎧 상황 1

女：您好，您知道北京饭店怎么走吗？
안녕하세요, 베이징 호텔 어떻게 가는지 아시나요?

男：这条路，走到头，左转就是北京饭店。
이 길을 끝까지 가셔서, 좌회전하면 바로 베이징 호텔입니다.

女：离这儿远吗？得走多长时间？
여기에서 먼가요? 얼마나 걸어야 해요?

男：不远，走五分钟就能到。
멀지 않아요. 5분만 걸어가면 바로 도착해요.

🎧 상황 2

男：你好，请问，工商银行在哪儿？
안녕하세요, 실례지만, 공상은행이 어디에 있나요?

女：你往前走，有个红绿灯，过马路就是工商银行。
앞으로 가시면, 신호등이 하나 있는데, 길 건너시면 바로 공상은행입니다.

男：银行就在路边吗？
은행이 길가에 있나요?

女：对，就在路边。老远就能看见银行的牌子。
맞아요. 바로 길가에 있어요. 멀리서 은행의 간판이 보일 거예요.

🎧 상황 3

女：你好，请问一下，地铁站怎么走啊？
안녕하세요, 말 좀 물어볼게요, 지하철역은 어떻게 가나요?

男：那边咖啡厅旁边有个扶梯，上去往右拐。
저쪽 커피숍 옆에 에스컬레이터가 있는데, 올라가서 우회전하세요.

女：右拐就能看见地铁站吗？
우회전하면 지하철역이 보이나요?

男：那儿有标志牌，你按着标志牌走就行了。
거기에 표지판이 있으니, 표지판대로 가시면 돼요.

18

▶ 145 ~ 147쪽

상황 1

一直占线 yìzhí zhànxiàn,
找我什么事儿 zhǎo wǒ shénme shìr,
一起吃个饭 yìqǐ chī ge fàn,
登机 dēng jī，挂 guà

상황 2

说话方便 shuōhuà fāngbiàn,
正在开车 zhèngzài kāichē,
着急 zháojí，回电话 huí diànhuà

상황 3

出租 chūzū，信息 xìnxī,
您说 Nín shuō，房租 fángzū,
听不清 tīng bu qīng，电梯 diàntī,
信号 xìnhào

▶ 150 ~ 151쪽

1. ① 占线 ② 登机 ③ 方便 ④ 出租

🎧 ① 占线 ② 登机 ③ 方便 ④ 出租

2. ① X ② V ③ X ④ V

🎧 ① 我给你打电话，一直占线。
② 周末爸爸过生日嘛，咱们晚上一起吃个饭吧。
③ 那我回公司后给您回电话吧。
④ 喂？听不清您说话。我在电梯里，信号不太好。

3. ① X ② X ③ V ④ V

🎧 ① 我要登机了，挂了。
② 我正在开车。
③ 房租一个月多少钱？
④ 我在电梯里，信号不太好。

4. ① A ② D ③ D ④ B ⑤ B ⑥ C

상황 1

男：我给你打电话，一直占线。
내가 너에게 전화했는데, 계속 통화 중이더라.

女：怎么了，哥，找我什么事儿？
왜 그래, 오빠, 무슨 일인데?

男：周末爸爸过生日嘛，咱们晚上一起吃个饭吧。
주말에 아빠 생신이시잖아, 우리 저녁에 같이 식사하자고.

女：行。那先这样，我要登机了，挂了，拜拜。
좋아, 그럼 일단 그렇게 하고, 나 탑승해야 해서, 끊을게, 안녕.

상황 2

女：喂？李科长，您好，我是小金。您现在说话方便吗？
여보세요? 이 과장님, 안녕하세요, 저 샤오찐입니다. 지금 통화하기 편하세요?

男：不好意思，我正在开车。
미안해요, 제가 지금 운전 중이에요.

女：没关系，我不着急。
괜찮습니다, 저 급하지 않아요.

男：那我回公司后给您回电话吧。
그럼 제가 회사 가서 전화드릴게요.

상황 3

男：喂？您好，我在网上看见您要出租房子的信息，就给您打电话了。
여보세요? 안녕하세요, 제가 인터넷에서 방 내놓으신 거 보고, 전화드렸습니다.

女：啊，对，我要出租房子。您说。
아, 맞아요, 방 내놨어요. 말씀하세요.

男：请问，房租一个月多少钱？
실례지만, 월세가 한 달에 얼마예요?

女：喂？听不清您说话。我在电梯里，信号不太好。
여보세요? 말씀하시는 게 잘 안 들려요. 제가 엘리베이터 안이어서 신호가 그다지 좋지 않아요.

19

▶ 153~ 155쪽

상황 1

标准间 biāozhǔn jiān,
一共几位 yígòng jǐ wèi,
住几天 zhù jǐ tiān,
一共四个人 yígòng sì ge rén,
住三天 zhù sān tiān,
四位的身份证 Sì wèi de shēnfènzhèng

상황 2

可以帮您的 kěyǐ bāng nín de，
房卡 fángkǎ，屋里 wū li，
没问题 Méi wèntí，用完 yòngwán，
多谢了 duōxiè le

상황 3

退房 tuì fáng，消费 xiāofèi，
杯面 bēi miàn，
扣多少钱 kòu duōshao qián，
押金 yājīn，请收好 qǐng shōuhǎo

▶ 158 ~ 159쪽

1. ① 身份证 ② 房卡 ③ 消费 ④ 押金

① 身份证 ② 房卡 ③ 消费 ④ 押金

2. ① V ② X ③ V ④ V

① 您好，请问一共几位，住几天？
② 我的房卡忘在屋里了。
③ 我要退房，五零幺号房间。
④ 一共一百块。这是退给您的押金，请收好。

3. ① V ② V ③ X ④ X

① 您好，我要两个标准间。
② 您好，有什么可以帮您的？
③ 我要退房。
④ 您消费了房间里的杯面和两瓶啤酒。

4. ① C ② B ③ C ④ A ⑤ A ⑥ C

상황 1

女：您好，我要两个标准间。
안녕하세요, 스탠다드 룸 두 개로 할게요.

男：您好，请问一共几位，住几天？
안녕하세요, 모두 몇 분이시고, 며칠 묵으시나요?

女：我们一共四个人，住三天。
우리는 모두 네 명이에요, 3일 묵어요.

男：好的，两个标准间给您订好了。四位的身份证请给我看一下。
네, 스탠다드 룸 두 개 예약해드렸어요. 네 분의 신분증 좀 보여 주세요.

상황 2

女：您好，有什么可以帮您的？
안녕하세요, 무엇을 도와드릴까요?

男：我的房卡忘在屋里了。能帮我开一下门吗？
카드키를 룸 안에 두고 나왔어요. 문 좀 열어 주시겠어요?

女：没问题，您先用这张房卡，用完还给我们。
그럼요, 우선 이 카드키를 쓰시고 나서, 저희에게 돌려주세요.

男：好的，多谢了。
네, 대단히 감사합니다.

상황 3

女：我要退房，五零幺号房间。
저 체크아웃하려고요, 501호 방입니다.

男：好的。您消费了房间里的杯面和两瓶啤酒。
네. 당신은 룸에 있는 컵라면과 맥주 두 병을 이용하셨습니다.

女：是，那要扣多少钱？
네, 그럼 얼마를 공제해야 하나요?

男：一共一百块。这是退给您的押金，请收好。
모두 100위안입니다. 여기 반환된 보증금입니다, 받으세요.

20

▶ 161 ~ 163쪽

상황 1

左侧 zuǒ cè，乘坐 Chéngzuò，
换乘 huànchéng，
随身物品 suíshēn wùpǐn，旅途 lǚtú

상황 2

注意 zhùyì，抱歉 bàoqiàn，
天气原因 tiānqì yuányīn，
航班 hángbān，歉意 qiànyì，
候机厅 hòu jī tīng

상황 3

预防守则 yùfáng shǒuzé，
口罩 kǒuzhào，
三十秒以上 sānshí miǎo yǐshàng，
衣袖 yī xiù，
异常症状 yìcháng zhèngzhuàng，
1339咨询 yāo sān sān jiǔ zīxún，
疾病预防工作 jíbìng yùfáng gōngzuò

▶ 166 ~ 167쪽

1. ① 乘坐 ② 物品 ③ 症状 ④ 疾病

① 乘坐 ② 物品 ③ 症状 ④ 疾病

2. ① V ② X ③ X ④ V

① 前方到站是首尔站。
② 乘坐一号线，四号线的乘客，请在本站下车换乘。
③ 由于天气原因，由本机场出发的所有航班都无法按时起飞。
④ 回家后洗手三十秒以上。

3. ① X ② V ③ X ④ V

① 请从左侧车门下车。
② 下车时请携带好随身物品。
③ 外出时请戴口罩。
④ 咳嗽时请用衣袖遮挡。

4. ① B ② B ③ A ④ A ⑤ B ⑥ A

상황 1

前方到站是首尔站，请从左侧车门下车。
이번 역은 서울역입니다. 내리실 문은 왼쪽입니다.

乘坐一号线，四号线的乘客，请在本站下车换乘。
1호선이나 4호선을 이용하실 승객께서는 이번 역에서 하차하여 환승하십시오.

下车时请携带好随身物品。祝您旅途愉快。
내리실 때는 휴대하신 물품을 잘 챙기시길 바랍니다. 즐거운 여행 되세요.

상황 2

各位旅客请注意，我们抱歉地通知您：
승객 여러분께 죄송한 안내 말씀 전해드립니다.

由于天气原因，由本机场出发的所有航班都无法按时起飞。
날씨로 인해 본 공항에서 출발하는 모든 항공편의 이륙이 지연되게 되었습니다.

对此我们深表歉意，请在候机厅休息，等候通知，谢谢！
이에 대해 깊은 사과의 뜻을 전해드리며, 공항 대기실에서 쉬시면서 다음 안내 방송을 기다려 주시기 바랍니다. 감사합니다!

상황 3

下面为您介绍新型冠状病毒感染预防守则。
다음으로 신종 코로나바이러스(코로나19) 감염 예방 수칙에 대해 알려드리겠습니다.

外出时请戴口罩，回家后洗手三十秒以上，咳嗽时请用衣袖遮挡。
외출 시 마스크를 착용해 주시고, 집에 돌아와서는 30초 이상 손 씻기를 하며, 기침할 때는 옷 소매로 가려 주세요.

发现发热等异常症状时请拨打 1339 咨询。
발열 등의 이상 증상 발견 시 1339로 전화하여 문의하세요.

希望您与我们一起做好疾病预防工作。
저희와 함께 질병 예방을 잘 해주시길 바랍니다.

메모장

메모장